JN112333

子どもを知る

■編集委員■民秋 言・小田 豊・栃尾 勲・無藤 隆・矢藤誠慈郎

新 保育
ライブラリ

保育の心理学

藤﨑眞知代・無藤 隆 編著

❖北大路書房

新版に向けて　編集委員のことば

　本シリーズは，平成29年3月に幼稚園教育要領，保育所保育指針，幼保連携型認定こども園教育・保育要領，さらに小学校学習指導要領が改訂（改定）されたことを受けて，その趣旨に合うように「新　保育ライブラリ」を書き改めたものです。また，それに伴い，幼稚園教諭，小学校教諭，保育士などの養成課程のカリキュラムも変更されているので，そのテキストとして使えるように各巻の趣旨を改めてあります。もっとも，かなり好評を得て，養成課程のテキストとして使用していただいているので，その講義などに役立っているところはできる限り保持しつつ，新たな時代の動きに合うようにしました。

　今，保育・幼児教育を囲む制度は大きく変わりつつあります。すでに子ども・子育て支援制度ができ，そこに一部の私立幼稚園を除き，すべての保育（幼児教育）施設が属するようになりました。保育料の無償化が始まり，子育て支援に役立てるだけではなく，いわば「無償教育」として幼児期の施設での教育（乳幼児期の専門的教育を「幼児教育」と呼ぶことが増えている）を位置づけ，小学校以上の教育の土台として重視するようになりました。それに伴い，要領・指針の改訂（改定）では基本的に幼稚園・保育所・幼保連携型認定こども園で共通の教育を行うこととされています。小学校との接続も強化され，しかし小学校教育の準備ではなく，幼児期に育んだ力を小学校教育に生かすという方向でカリキュラムを進めることとなっています。

　保育者の研修の拡充も進んでいます。より多くの保育者が外部での研修を受けられるようにし，さらにそれがそれぞれの保育者のキャリア形成に役立つようにするとともに，園の保育実践の改善へとつながるようにする努力と工夫が進められています。全国の自治体で幼児教育センターといったものを作って，現場の保育者の研修の支援をするやり方も増えています。まさに保育の専門家として保育者を位置づけるのみならず，常に学び，高度化していく存在として捉えるように変わってきたのです。

　そのスタートは当然ながら，養成課程にあります。大学・短大・専門学校での養成の工夫もそれぞれの教育だけではなく，組織的に進め，さらに全国団体

でもその工夫を広げていこうとしています。

　そうすると，そこで使われるテキストも指導のための工夫をすることや授業に使いやすくすること，できる限り最近の制度上，また実践上，さらに研究上の進展を反映させていかねばなりません。

　今回の本シリーズの改訂はそれをこそ目指しているのです。初歩的なところを確実に押さえながら，高度な知見へと発展させていくこと，また必ず実践現場で働くということを視野に置いてそこに案内していくことです。そして学生のみならず，現場の保育者などの研修にも使えるようにすることにも努力しています。養成課程でのテキストとして使いやすいという特徴を継承しながら，保育実践の高度化に見合う内容にするよう各巻の編集者・著者は工夫を凝らしました。

　本シリーズはそのニーズに応えるために企画され，改訂されています（新カリキュラムに対応させ，新たにシリーズに加えた巻もあります）。中心となる編集委員4名（民秋，小田，矢藤，無藤）が全体の構成や個別の巻の編集に責任を持っています。なお，今回より，矢藤誠慈郎教授（和洋女子大学）に参加していただいています。

　改めて本シリーズの特徴を述べると，次の通りです。第一に，実践と理論を結びつけていることです。実践事例を豊富に入れ込んでいます。同時に，理論的な意味づけを明確にするようにしました。第二に，養成校の授業で使いやすくしていることです。授業の補助として，必要な情報を確実に盛り込み，学生にとって学びやすい材料や説明としています。第三に，上記に説明したような国の方針や施策，また社会情勢の変化やさらに研究の新たな知見に対応させ，現場の保育に生かせるよう工夫してあります。

　実際にテキストとして授業で使い，また参考書として読まれることを願っています。ご感想・ご意見を頂戴し次の改訂に生かしていきたいと思います。

2019年12月　　編集委員を代表して　無藤　隆

はじめに

　社会状勢の変化に伴う家族形態の多様化によって，乳幼児の保育ニーズは高まるだけでなく，複雑な様相を呈してきている。特にひとり親家庭や何らかの仕事をもつ女性の増加により，昼間の保育を必要とする乳児は増え続け，待機児童の問題はなかなか解決がみられていない。

　こうした状況を踏まえ，保育所と幼稚園に加え，第3の保育施設として認定こども園が制度化され，さらに2017年には指針・要領，そして教育・保育要領がそれぞれに改訂され，これら3施設における3歳以上児の教育内容が共通するようになった。

　このような推移に伴い，養成課程のカリキュラムの改訂も行われ，保育士については，子どもの発達に関する科目として「発達心理学」から2013年には「保育の心理学」となった。さらに2017年の改訂に伴い，「保育の心理学」として網羅する内容は広がったが，本書は，あくまで「保育の心理学」の内容に限定して，子どもの発達に関する科学的知見と保育実践とのつながりを論じる3部構成となっている。

　第Ⅰ部「発達を支える視点について」では，子どもの発達を理解する意義について，また実証的統計的なエビデンスに基づく子どもの発達理解と保育現場での保育者一人一人による個性的な実践が，どのように絡み合うのか，そこに文化や制度がどのように関わっているのかなど，人としての発達を広く俯瞰的に論じている。

　第Ⅱ部「子どもの発達過程について」の第2章から第5章では具体的に子どもの発達過程である社会情動的側面，身体的機能と運動機能の側面，認知的側面，言語的側面の発達について，エビデンスに基づく最近の基礎研究の知見と日常生活でみられる子どもの姿とを関連づけ，さらに保育実践とのつながりを概説している。また，就学前教育・保育実践と就学後の学校教育との違いは大きいものの，一人の子どもの幼児期から児童期への発達の連続性を重視し，幼児期での発達を土台とした児童期の学校教育にどのようにつなげていくかにも言及している。

第Ⅲ部「子どもの学びと保育について」では，第Ⅱ部の発達に関する基礎知識をベースに，乳幼児の「学び」に焦点をあて，「学習」との違いや，学び手としての乳幼児の特徴，学びに関連する理論とともに人間存在としての一人一人の子どもがその子らしく生きることを支える保育のあり方を論じている。

　各章の最後には，本書で学んだ知識をより具体的に体験的に理解するために，実際に観察したり，調べてみたりする研究課題をあげている。興味をもったことに関連した課題を，各章ひとつは試みてほしい。また，何人かのグループで試みると，人との違いや類似性などから自分自身の見方や考え方の特徴に気づかされることもあるだろう。いずれにしても，研究課題を積極的に活用し，新たな課題を自分自身で見いだし，人の発達と保育についての理解を深めてほしい。各章の内容をさらに詳しく知りたい方は，推薦図書を参考にしてほしい。

　そして，保育士，幼稚園教諭，あるいは保育教諭としての実践経験を積み重ねる中で，自分自身の保育を振り返るとき，もう一度，本書を紐解き，特に第1章で論じられていることの意味を考察してほしい。

　2020年は新型コロナウイルスの感染拡大によって，保育現場における対応の難しさは著しく増大した。ウイルスによる感染症だけに，危険性をゼロにすることできない状況での保育実践が続くことになるだろう。乳幼児の保育においては3密（密閉・密集・密接）を避けるのは難しい。現実の状況に即応しながらも，現状に流されるのではなく，そのような状況においても保育の本質を見据えた上での対応を探る保育者としての専門性が問われていると考える。

　最後に本書の企画と編集は，編者二人がメールのやりとりで進めてきたが，そうしたやりとりにも，また原稿執筆がなかなか進まないときにも，北大路書房の北川芳美さんが迅速，かつ適切に対応してくださったことに，心から感謝の意を表したい。

2021年1月　編集を代表して　藤﨑眞知代

もくじ

新版に向けて　編集委員のことば
はじめに

第Ⅰ部●発達を支える視点について

第Ⅱ部●子どもの発達過程について

第Ⅰ部

発達を支える視点について

第1章
人としての発達を考える

　子どもは親との間に生まれ，その関係の中で成長していく。親密で身体的で情緒的な関係をはぐくみながら，その安定した関係を自分の内に取り込むことを通して自立していく。次第に親から距離をとり，ついには親が目の前にいなくても，気持ちを安定させることを覚えていく。その頃に，同年代の子どもとのつきあいが始まり，はじめはよく知らない子どもと同じ遊びに加わる中で，相手の人柄を知り，友だちになっていく。そのことは，子ども時代に無数といってよいほどに繰り返され，成長してからの知らない相手とのつきあい方を学び，さらにそれが，思春期以降の親友やさらに恋人との関係づくりにつながる。そして結婚・出産を経て育児という活動に入ることで（あるいは次世代の育成に携わることで），大人として再び人生の始まりを経験することになる。生涯にわたる発達は，このように時期ごとに異なるが，その間には深いそして長い時間でのつながりが成り立っているのである。

1節 子どもの発達を理解することの意義

　子どもの発達は多様でありながら，大きくは一定の方向性をもち，それぞれの時期の基本となる特徴を示すものである。それを考慮することにより，保育の働きかけをどう行えばよいかの構想を得ることができる。細かいところまで決まるということではない。発達的に決まるところは大きな方向性であり，詳細は子どもにより異なるし，家族や子ども同士の関係やその場のあり方により異なってくる。何よりどういった対象に対してどういった活動を行うかにより，その発達の水準はかなり変動するものである。だから，発達的理解だけで保育を営むことはできないが，同時に，発達の様子を無視しても保育は進めることはできない。多くの配慮すべきことの中で基本的なことがらとなるのが発達の理解なのである。

　何より発達的理解によりそれぞれの時期の特徴を知ることができる。個人差は確かに大きいが，それはその発達の時期の基本となる特徴からさほど外れるものではない。時期の理解から出発して，そこで伸ばすべきことや配慮すべきことなどを知ることができる。その折々につまずきやすいポイントを明らかにしてくれる。

　発達の理解はまた大きな方向性を与えてくれる。大体どういったところに伸びていくものかの見当をつけることができる。その時どきの活動において，何か月か進んでいけば，どういった高いところに踏み出していくものかは，発達的な理解に基づき，方向性を考えることで，その見当づけのためのヒントを得ることができるはずである。

　とはいえ，具体的な日々の保育において，子どもがいろいろな場面でいろいろな対象に関わってどういう活動をするかは，その活動や場に即してその様子をよく見ることによって初めて把握可能なことである。いろいろな年齢・月齢の子どもを比較し，またその子どもが何度も同種の活動を繰り返す中でどう活動を高度化するかをみることで，発達的な理解を対象・活動・場に即して具体化することができる。そういった活動の様子を仔細に捉えることにより，保育の今日のあり方が明日また次の週にどう展開するものかを予想し，指導計画に活かせるのである。

その際の指針が発達的理解である。だから，それは方針とはなるが，それを役立たせるためにも，常に具体的な保育の場での子どもの姿に基づく検討を行うべきものでもある。

2 節 子どもの発達と環境

ここまで概観してきた発達の流れに文化という視点を入れて，整理してみたい。発達は生物的な働きと文化の働きの双方の重なりの中から生じる。文化の働きかけをみていこう。

1 ── 社会文化的活動への参加として

何より文化とは日常の活動のあり方である。朝起きて食事をとり，テレビを見て，家族と話す。そういったこと自体が文化のあり方である。そういった社会文化的な活動に子どもは生まれたときから参加している。そして，その参加を通して，意図的かどうかはともかく，その活動の一端を担い，次第に自分の役柄をきちんと遂行できるようになる。

もちろんその活動を維持するのは文化を担う大人であり，また文化を具体化した人工物としての道具があるからである。例えばテレビをつけるのは最初は大人が行うことであり，テレビを購入し，居間に置き，朝テレビを見る習慣をもっている。テレビは社会がつくり出し，日々，番組を提供している。しかし大人が自覚して道具や活動を選んでいるとは限らない。朝起きて食事をするとか，主食や副食を食べるといったことも決して人類普遍というわけではなく，近年に定着してきたことである。朝ご飯を食べない家庭だってある。また朝起きる時間も，会社や学校に行く人，またそうでない人によってかなりバラツキもある。

いつ母乳やミルクから離乳食を経て大人の食事に入るのか。そのしつけはいつどのように行うか。一緒に寝るときは同室なのか，別室なのか。同室だとすれば同じ布団か，別か。その際，夫婦は一緒か別か，など文化の違いは大きい。排泄訓練にしても，小さな子どもはそのあたりに流していても構わない文化，おむつを使わない文化もある。日本も紙オムツが導入され，排泄訓練の仕方が

かなり変わってきている。

　子どもは単に大人の選び勧める活動にのるだけの受動的立場にあるのではない。テレビにしても，多くの1歳児は自分の見たい番組を求めて親にテレビをつけてもらおうとするが，中には自分でスイッチを入れる子どももいることだろう。また，大人が食べているものに興味をもって，口に入れることもある。そのような行動が子どもの意図あるものであっても，気質に類する（すぐ泣くなど）ものであっても，大人が文化の規定するものを一律に与え，子どもがその通りに受け取るのではない。

　また大人は，子どもが参加の度合いを高められるように援助もする。「足場づくり」とよばれるように，子どもが自分でやっているような感じを保ちながら，大人が子どもの手伝いをして，次第に手伝いの幅を減らし，子どもの自立的な参加を促していくのである。

2——文化的なものの見方を取り入れて

　文化とは，具体的な活動の進め方というだけでなく，そこに，ものごとはどうあるべきか，どのようなことが可能か，望ましいか，などの「考え（アイデア）」を多数もっている。文化とは，そういったアイデアの貯蔵庫であり，それに子どもは適宜ふれて，何かと利用し，次第に自らのものの見方をつくり上げていくとも捉えられる。大事なことは，そういった考えには大小様々なものがあり，そのすべてを一律に取り入れる必要はなく，またそういった許容の幅は現代社会できわめて大きくなっているということである。だが，まったく自分だけで考え出すということもまたあり得ない。

　例えば1日に何回食事をするということだって，単におなかがすいたから食べるというものではない。3回という回数も決まっていることではなく，近年ふえてきたやり方である。個人差も大きく，朝食を抜く人も少なくない。間食を食事とみなすかどうかといったことでも数え方は難しい。だが，多くの人は食事というあり方を大事だと思い，食卓に向かい，主食と副食とをできれば数名で食べるということをイメージする。1日に3回食べるのを本来だと思っている。

3──文化的人工物と表現に出会う

　文化の力を大きく広げ，かつそこに個人差や個人の創意を入れていくということを可能にするのが文化的な道具（人工物）の存在であり，それを用いての表現媒体と表現活動である。文化の伝達を大人が子どもにいちいち教えていくという学校のイメージで捉えてよいのは，むしろごく例外的な場合である。多くは子どもは活動に参加し，見習う形で覚えていく。それが可能になるのは，道具が多数あって，その使い方を直感し，また見知り，模倣し，ということで習熟できるからである。子どものごっこ遊びなども，そういった道具への習熟の過程とみなすこともできる。

　その道具の中でも特に個人の活動の幅を大きく広げるのに役立つのが文字などの記号であり，その組み合わせとしての文章などであり，そのものとしての本や新聞や雑誌である。それらは単にものがそこにあり，模様があって，鑑賞するというものではない。記号から意味を読み取り，その意味が様々なところで活動に活かされる。記号を自分でも使えるようになると，それを表現媒体（ノートなど）に表し，それを見直しつつ，自分の考えを発展させることができる。

　造形や音楽などの表現は文字の意味ほど精細な単位から成り立つわけではないが，表現としてある種の感じ方を呼び起こし，それはまた自らがつくり出すこともできるものである。人間の人間らしい活動は，そういった表現物との対話から成り立つともいえる。

4──園・学校という制度の中に生きる

　文化は単に様々な文化に固有の活動や道具やアイデアから成り立つのではない。その社会の政治的・経済的・社会的あり方の中で特定の制度を制定し，活動を特定のあり方に固定化している。子どもは初めからその制度の中に生まれ，育つ。制度が細かい活動や個人のあり方を直接に決定するのではないが，ある範囲を限定し，またその中での望ましい，あるいは望ましくないあり方を規定し，報償や制裁のシステムをもっている。

　そもそも家庭は戸籍や結婚や社会保障や私有財産などの制度のもとで成り立

っている。園とか学校は現代の社会に固有の子どもの育成と教育の制度である。そういった制度は，個人の意図では容易には変えられないと同時に，時代の動きに応じて大きく変化することもある。実際例えば，保育所保育指針が告示として最低基準化されたことは保育所のその後の実践に大きな影響を与えてきたと思われる。制度の中にいると，そこでやるべきこと，やれること，できないことなどはある程度決められている。

そこで，子どもの側もその制度のもとで可能なことを行い，望ましいことに適応する努力を求められる。また実際に適応していく。だが，ときに適応し損ない，逸脱とか，不適応とか，障碍とか，非行とかとよばれる行動に向かうことがある。そういった行動にはどのような制度であろうと，発達にとって好ましいとは思えないものもあるが，制度的な基準に合わないだけのものもあり，また，制度の許容の狭さによりはみ出さざるを得ないときもある。子どもの行動を常に文化・社会や制度による制約との関連においても捉える必要がある。

3 節 子ども観・保育観の働き

発達理論とそれに基づいた実証的な研究群による知見は当然，保育現場を対象とした，だがやはり同様の実証的な研究により，より実践現場に近い知見となってきている。この後者の内の実証的統計的に整備された知見を特にエビデンスと呼ぶことも増えてきた。だが，実践はいかなるものであれ，相対的に基礎となる多くの知見だけでどうするかが全て決まるものではない。医療のようにきわめてたくさんのエビデンスにより実証化され，エビデンスに基づく標準治療が確立している分野であっても，そこに乗らないところはまだ多くあり，さらに個人ごとの体質や生活や経緯や状況などに応じてかなり医療的な効果が変わるところも少なくない。それは科学の進歩により改善されるにしても，もっと本質的に実践のもつ個別性や一回性や状況性は実証的な研究から逃れてしまい，実践者のいわば直感や経験により進めることになるのかもしれない。

かといって，実践者の実践は単にその保育者の個人としての理解や直感や経験だけで決まるわけではない。その人なりのそれまでの学びと経験，さらに個々の園ごとの慣習，またそれらを支える要領・指針やまた制度的な規定など

が効くであろう。総体としての実践の進め方といういわば手順としての知見が，広い意味での技術として現場にはあるのである。その意味を全て実践者が明確に把握しているわけではなく，半ばは暗黙知であり，半ばは物としてまた習慣としてあることにより実施可能となっている。保育室があり，遊具があり，また日課が概ね決まっている。個々の保育者は養成校で学ぶとともに現場で見よう見まねで先輩からやり方を体得していく。

　その実践は最小限の要素として言えば，そういうやり方や慣例として具体化している暗黙知としての手順的知識が中心となる。だが，保育でそれはそういうやり方の固定的な手順として実施されることは少ない。大きくはそうであっても，子どものあり方もその都度に変化し，日々の様子もいろいろに変わる以上，臨機応変に対応することも多い。その直感的対応やむしろ体が動くということはどうして起こるのかは難しい問題であり，たくさんのことが絡みながら，ともあれ一つを行為として進め，それに応じて次の手立てを変えていく柔軟なやり方にあるのだろう。そういったことが可能になることについても，おそらく，保育とは何か，子どもとは何か，そこで子どもが発達し学ぶとは何かについてのその保育者なりの見方があり，それに多少とも支えられつつ，行為の流れが生まれてくるのであろう。そういう保育観（さらに子ども観・発達観）は専門家の見方そのものでなく，実践専門家として親とも共通するような感覚から始まり，養成校の教育や研修での学習そして自分の実践それ自体を通して形成されてきているのに違いない。その保育観がいわば大所高所からの見通しを提供し，実践のメタ的な吟味（つまり少し離れたところから大きく捉えて検討する）ことを可能にする。

　では，そこの実践そのものにより基礎的な科学的とも呼ばれる知見はどう関わるのであろうか。直接的な応用という場合もありそうだ（例えば安全に関わること）。だが多くは基礎的知見を参照しつつ，現場側がそれを改変したり，応用のために様々な工夫を行いながら，いわば新しい発明をすることで実践が変容するのであろう。そこに，応用することや実践することの工夫を主にするような応用的な基礎と現場をつなぐ専門家も生まれるだろう。この応用に関わる専門家群の知見が保育学などの多くを占めることにもなるだろう。その専門家は基礎的知見を熟知して応用への示唆を与えることとともに，現場での様子

を見ながら，より基礎的な知見としての筋が通るように改革をするとか，さらにその逆に，現場での工夫を整理しながら，基礎的な知見に対してさらなる研究の可能性の示唆を与えていくというフィードバックをすることが期待される。

　そういう基礎と現場を結ぶ具体的なものは，一つには最もよき実践としての事例となるベスト・プラクティスであろう（種々の優良園）。それを参照しつつ，基礎的知見への示唆を得ようとすると同時に，現場側はその時に模倣し，時に目標としあるいは自分の実践を捉える参照点として実践の改善を進める。もう一つは教え方や教材などの具体的な手順の提示であろう。応用的な開発によるものも現場の実践から生まれる工夫の具体化もある。

　それらの関係を簡単に図示すると図1-1のようになる。この図に即して整理すると，まず，基礎的な知見としての科学があり，またそれと対比される形で手順の知見から主に成り立つ現場実践があり，その現場にはそれとして積み重なりの知見がある。その両者には基礎からの応用という関係と，実践から基礎的知見に対しての正誤や不足点をフィードバックするという関係が主になる。ここで言う基礎的科学的知見とは主には自然科学をモデルにした方法論を取ることによるので（それに加えて統計的方法論が入る），直接的には心理学・生理学・経済学などの知見が保育に関わることだろう。そしてもちろんそれらはさらに基礎となる脳神経科学などの知見に支えられ，それらに整合的であることが求められる。その一方で現場の実践は主に手順として学ばれ，実行されているが，それを規定するものとしての制度や各種の規制がある。特に制度とし

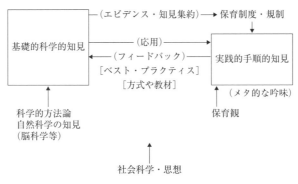

図1-1　保育実践と基礎的知見との関係

ての幼稚園・保育所等はその制度的規制の度合いが（家庭などと比べると）明確である。だがそれだけで実践が決まるのではなく，大きな方向付けとして子ども，とりわけ乳幼児またその発達や学びとは何か，その総体として保育現場にどう援助が成り立つのかの保育観が働くだろう。保育制度などについては随時変更がなされるが，その発想の元として，科学によるエビデンスの積み上げや現場の動向や思想的な変化などを含めての議論が関係省庁や現場に近い研究者や実践者集団さらに国際的になされており，それを参照して制度が改変される。応用・フィードバックの具体的な場となるのが，ベスト・プラクティスであり，教材や保育の方式などである。それは現場実践と全く同じではないが，そのより良き部分とされるところを取り出し，多少とも理想化を施しており，基礎的な知見の裏付けをもちながらも，現場の実践者がそこから学び，自らの実践の改善を図ることができるはずのものである。さらにそれら全体，とりわけ現場実践やそこでの応用を方向付けるものとしては，保育とは何か，子どもとはどうあるのかという思想的な見方であろう。全てが現在の科学で決まるわけではなく，また同時に現場の慣例だけで動いていくのでもない。どう良くしていくかというときの「良さ」はどうあるべきかという見方により大きく影響を受けている。またそういう見方を含めての社会科学や歴史学や思想の研究とあり方を参照することにより，保育観やまた制度のあり方も検討されることも少なくない。

　この図1-1のモデルを適用して，保育観の種類別に検討することが可能となる。そしてもちろんもっと精緻にモデルを深め，保育に関する「工夫」（特定のアイデアや方式等）の開発や普及なども検討できよう。例えば，「ドキュメンテーション」（文字と写真などの記録により保育者が同僚や子どもとともに指導の改善を図る）がどう開発され普及したのか，それ以前の萌芽とはどんなものであったのかといった検討ができよう。保育観として試みに「ロマン主義的捉え方」と「学校教育的捉え方」というともに歴史的には19世紀に生まれ，保育現場の理念として検討され始め，今に至ると思われるものを取り上げてみよう。

　ロマン主義的な捉え方とは何であろうか。試案として次のような特徴をあげることができる。子どもの可能性を狭めることなく，その主体としてのあり方

から自分の個性を実現していく存在であると捉える。それは既に乳幼児におい
て自己実現を図るのである。そのようなあり方は人としての本性であり「自
然」なのである。だから教育というのはその主体としての歩みを邪魔すること
なく，いかに伸ばすかを支えることに尽きるのである。そうしていれば，いつ
か自ずと子どもは自分に必要なことに気づき学んでいくようになる。その過程
は子どもが喜びをもって今興味のあることに集中し，そこから次第に自分が欲
することが同時に社会の中で生きるすべを覚えることへと発展するのである。

　仮に「学校教育的捉え方」と呼んでいるのは，むしろ社会・文化のあり方を
学ぶことが子どもの成長の中心であり，子育ても保育も小学校以上の教育もそ
の使命を担うものだとすることを指すとしてみたい。そこで子どもが学ぶこと
はほとんど白紙に近い状態から学習する力を発揮して，周囲の求めに応じてそ
れを学ぶ努力を発揮していく。興味をもつことが大事ではあるが，興味があろ
うとなかろうと社会の側で必要だとされることは遅かれ早かれ学ぶべきである。
むしろその学習は早い方が積み上げが効いて望ましい。その最も効率的なあり
方が学校というものなのであり，そこに早くから属して学ぶこと，そしてその
ための準備を早期から行うことが大事になるのである。

　それぞれに，それを支える基礎的な科学的知見は，心理学やその他の学問か
ら提供されている。保育制度はその時々にどちらかを主とした議論に傾きつつ，
実際にはその中間を保持しようとしてきているだろう。

　そして実はその中間というのは間を取った単なる妥協ではなく，むしろ多く
の保育（幼児教育）の理論や典型的実践方式は一種のスペクトラムをなして，
様々な特徴を中間地点に置いていると言えるだろう。極端な早期教育論もある
だろうし，極端ないわば放任的な子どもの自然尊重主義もあるだろうが，多く
はそのどちらかに多少寄りながら，中間的な枠組みや概念や道具や方式を開発
してきた。例えば，ヴィゴツキーそしてブルーナーなどの心理学者が開発した
「足場づくり（スキャフォールディング）」の考え方は大人側が多少の助力を用
意しつつ，子どもができるようになる過程を支え，その課題ができてくると助
力を外して，自力でできるように導くやり方であり，明らかに中間的な捉え方
になる。子どもの主体的なあり方を大事にしつつ，援助をあまりに高圧的では
ない形で与えて，自立へと導く工夫だからである。

　実際に日本の保育の現場をみていくと，その両極の考えももちろんあるのだが，かなり多くはロマン主義的な捉え方により支えられ，子どもの主体的なあり方を大事にしつつ，その意欲を形になる成長へと導くために，保育の環境やそこでの教材に工夫をし，さらに保育者が直接間接の援助を行うようにしながら，子どもが自立して物事に取り組むように支えていっているのである。それゆえに時には学校教育的なアプローチも参照することも行うのでもある。

　保育実践は科学的知見だけで決まるわけではない。実践の長い積み上げと各々の保育者の創意が日々の実践を可能にするのである。だが同時に，その改革を避けることなく進めるには科学的知見を時に参照し，現場実践への翻訳的な導入を行うこともあり，またそれを行うベスト・プラクティスに学ぶことも進んでやっていく。そこにさらに自らの保育観・子ども観の見直しを行い，そのロマン的なあり方がどこまで科学に耐えるのかと吟味し，それが夢想でなく，現実の実践として生きることに向かい合い，思想としての保育についても思いを巡らすことであろう。それらの契機のどれも否定するのではなく，創造的な対話としていくことこそ求められる作業ではないだろうか。

 研究課題

1．特定の家族に何名かいるとして，その各々は現在どのような発達の過程にあるのだろうか。そして，その過程は家庭の中でどのように互いに関連するものだろうか。調べてみよう。
2．自分の育ちを親その他から聞きとったりしながら，自伝風に書き出してみよう。どのような経過をたどったか。そこで助けになったものは何か。どの程度に個性的であり，また他と共通なのだろうか。
3．家庭の中にある文化的道具を書き出してみよう。それがどのくらいの数であり，各々を上手に使うにはどの程度の学習が必要か，考えてみよう。

推薦図書

● 『乳幼児心理学』　無藤隆・岩立京子（編著）北大路書房
● 『発達心理学』　無藤隆（編）ミネルヴァ書房
● 『新版・心理学』　無藤隆・森敏昭・遠藤由美・玉瀬耕治　有斐閣
● 『生活のなかの発達—現場主義の発達心理学』　外山紀子・安藤智子・本山方子（編）新曜社
● 『思いどおりになんて育たない—反ペアレンティングの科学』　ゴプニック　森北出版

Column 1
脳科学から教育を捉える

　脳科学と教育の間を結びつけようとする試みが進められている。とはいえ，現在の脳科学の研究の進展では，すぐに教育の問題に近づくことは難しく，今のところは基礎的な情報を提供するにとどまる。

　その進歩は何より測定技術が革新されたことによる。近年，fMRI（機能的磁気共鳴描画），MEG（脳磁図），OT（光トポグラフィ）などの非侵襲高次脳機能イメージングの装置が急速に進展し，便利に使えるようになった。それらは，手術といった措置を伴わず，測定装置を頭に取り付けたり，機械の中に入ったりして，脳のどの部位が活性化しているかを捉えることができる。つまりその部位が活発に働いていることを示すことにより，様々な課題に対応するときに脳のどの部位が活動するかを特定することができるようになるのである。

　そういった脳科学と認知科学や発達心理学の知見を総合することで，従来よりかなり確かな教育の基盤を推測できるようになった。以下に学校教育の年齢段階の区切りに対する示唆を整理してみよう。

1）3・4歳くらい〜9・10歳

　脳の中で特に記憶する働きを担うのが「海馬」である。海馬は，脳の異なる部位にある情報を関連づける機能をもつ。それが十分に働き出すのが3・4歳であるという（仁木，2004）。その一方で，脳の様々な部位に，特定の対象についての情報の処理を行う「モジュール的思考」を担うところが見いだされつつある。数を数える，人の表情を理解する等である。この時期は，そういったモジュールが実際の対象に対する経験をもとに学習していく。また，体験や生活において活動し，そこからの気づきが学習の中心となるようである。

2）10歳くらい〜13・14歳

　前頭前野の統合機能が活発化する。「メタ認知」の働きが強くなる。自らの思考について考えるようになるのである。さらに，言語的・論理的思考が主になっていく。

3）14歳くらい〜18歳くらい

　全体統合的かつ自覚的継続的努力に基づく学習が可能になる。自己との結びつきが強くなり，自らの学習の意義が把握できるかが重要になる。おそらく自己・情動の認知活動の自覚的な関係がつくられると考えられる。

子どもの発達過程について

第**2**章
社会情動的発達

　社会情動的発達には，どのようなことが含まれるのであろうか？　近年，非認知的能力の重要性が強調され，OECDによるレポートでは，非認知的な力を社会情動的スキルとして，「目標を達成する力（例：忍耐力，意欲，自己制御，自己効力感）」「他者と協働する力（例：社会的スキル，協調性，信頼，共感）」「情動を制御する力（例：自尊心，自信，内在化・外在化問題行動のリスクの低さ）」から成るものとしている（OECD, 2015）。これらは，人が社会の中でうまく生活していくために必要な自己と社会性の発達の力とも考えられる。そして，これらの発達は，他者との関わりを通して育まれていく。

　本章では，自己と社会性の発達という視点から，他者との関わりの発達と関わりを通して育まれる自己や社会的認知の発達について概観する。その際，保育所やこども園，幼稚園における子ども同士の関わりを中心にして，子ども同士の遊びやそこで生じるいざこざなどの経験から育まれる社会情動的発達について事例を通して検討し，それらを支える保育について考察する。

1 節 人との関わりの基盤

本節では，誕生から3歳頃までの大人との関わりとその関わりを通して育まれる心の絆の形成や自己の発達，さらに，初期の子ども同士の関わりの発達とそれらを支える保育者の関わりについて概観する。

1——大人との関わりと心の絆

(1) 愛着の形成
①家庭内における大人との関わり

家庭で，子どもが笑ったり，泣いたり，怒ったりと自分の情動を屈託なく表出したり，遊びに夢中になったりできるのは，その場が子どもにとって，安心して過ごせる基地だからであろう。そして，そこには，大きな音がしたり，見知らぬ人が現れたりなど怖さを感じた時に守ってもらえると思える養育者が存在するからであろう。このように側にいると安心でき，何か怖い状況や不安な時などにその人にくっつきたい，側にずっといたいという思いを人は誰しも抱き，この心理行動的な傾性を愛着（Attachment）という（Bowlby, 1982）。そして，愛着の対象が存在することによって，行動範囲も広がり，他者との関わりの基盤となる。

愛着関係は，他者との関わりを通して形成されていく。新生児は，生まれながらにして，人の声や顔を好み，人という刺激への指向性をもっており，他者との関わりを能動的に可能となるように誕生してくると考えられる。しかし，この生得的な人への指向性も，それを活かせる他者が存在してこそ有効となる。

養育者は，誕生間もない時から，赤ちゃんの動きや表情，発声などに応答しながら，世話をする。赤ちゃんが泣けば，「どうしたのかな？　お腹すいたのかな？　おむつかな？」と内面を推し量り声をかけながら対応する。また，赤ちゃんが何らかの発声をすれば，「おもしろいね」「嬉しいの」などと笑顔になって声をかける。このように，日常の赤ちゃんとの関わりの中で，赤ちゃんの情動や意図を読み取り，あやしたり語りかけたりする。この時の養育者の表情や声色などは，赤ちゃんの興味を引き，やりとりが継続していく。そしてこの繰り返しを通して，やがて，赤ちゃん側も養育者の気持ちや意図を読み取り，

心の結びつきができていく。

　愛着の対象は，はじめから決まっているのではなく，世話をしながら，赤ちゃんとの気持ちを介したやりとりをしてくれる人ならば，母親に限らない。赤ちゃんに応答的に関わってくれる父親や祖母も愛着の対象となる（園田ら，2005）。さらに，愛着の対象は，一人には限らない。むしろ，複数人いる方が，子どもが安心して活動できる場が広がる（数井，2005）。

②保育所やこども園での大人との関わり

　待機児童という言葉が示すように，1歳未満から保育所等に通う子どもも多い。朝から夕方まで，子どもたちは長時間，園で過ごす。園には，家庭とは異なり，自分と同じような他者（子ども）が何人もいて，見知らぬ大人の出入りも多く，子どもにとっては家庭以上に不安や怖さを感じることが多い場であろう。それゆえ，安心して伸び伸びと自分の気持ちや思いを出して，落ち着いて1日を過ごすことが出来るためには，不安になったり怖くなったりした時に，その人の側にいれば安心と感じられる愛着の対象となる保育者の存在が必要となる。そして，保育者も愛着の対象となることが示されている（Goossens & Ijzendoorn, 1990；数井，2005）。

　保育者は，一人で数名の子どもの世話をしなければならないが，子ども一人一人の泣きや発声，微笑みに対して，養育者と同様に，「お腹すいたのかな」「おむつかな」「眠いのかな」「おもしろいね」など，子どもの内面を推し量り言葉をかけながら関わっていく。そして，このように応答的な関わりの繰り返しの中で保育者が愛着の対象となっていくのであろう。また，児童期における教師との関係は，母親ではなく，保育者との愛着の形成と関係しているとことも報告されており，幼児期以降の家庭以外の場での愛着の形成における保育者の重要性がうかがえる（数井，2005）。

　このように，現代社会において，1歳未満から保育所など家庭以外で多くの時間を過ごす子どもたちにとって，保育者は心の絆を結ぶ安心の基地として非常に重要な愛着の対象となる。

③愛着の発達過程

　愛着の形成は，前述のような情動を介したやりとりを通して形成されていくが，次のような発達過程をたどる（Bowlby, 1982）。

　生後3か月頃までは，誰に対しても同じように見つめたり微笑んだりしているが，生後6か月頃から，日常生活の中で前述のように，応答的に関わったり世話をしたりしてくれる他者に対して，より多く声を出したり微笑んだりするようになり，1歳頃には，特定の他者と愛着を形成していく。さらに，2，3歳頃までは，特定の他者に対して愛着行動が顕著になる。また，その人を安全の基地として，自分が安心していられる範囲内で，遊んだりする。その後，3歳以上になると，愛着の対象となる人の行動の目的や計画を理解して，協調性に基づく関係が形成できるようになる。この時期になると，物理的に距離が離れていても，安心して過ごせるようになる。

④愛着対象者との関わりと情動の発達

　愛着の形成過程において，愛着の対象となる他者と情動を介してやりとりがなされいく。そして，その経験の積み重ねが，子どもの社会情動的発達に関連する3つの力につながっていくと指摘されている（遠藤，2017）。

　1つ目は，基本的な信頼感の形成である。不安や恐れを感じた時に，特定の他者の側に行って，いつも守ってもらえるという経験の積み重ねにより，守ってくれる他者とそのように守ってもらえる自分への信頼の感覚である基本的な信頼感を獲得する。

　2つ目は，自律性である。子どもは不安や恐れなどのネガティブな情動を経験すると，その状況をなんとかしようとして，シグナルを発し，愛着の対象者を引き寄せようとする。また，自分で移動できるようになれば，愛着の対象者に近づいて安心の拠り所を獲得する。そして，「何かネガティブな状況にあっても，愛着の対象者がいれば大丈夫」という見通しがもてるようになり，活動範囲を広げていく。さらに，ネガティブな情動を立て直すことができるという思いがもてるようになり，やがて愛着の対象と離れていても一人でいられるようになり，自律性へとつながっていく。

　3つ目は，他者の気持ちを理解したり思いやったりする共感性である。子どものネガティブな情動に対して，愛着の対象者は「痛かったの」「怖かったの」など，子どもの情動を言語化し，子どもの気持ちに寄り添い共感する。そのような経験を重ねて，やがて子どもも他者の気持ちを考えるようになり，自分がしてもらったように他者の気持ちに寄り添う行動や言葉をかけるという共感性

へとつながっていくと考えられる。

⑤愛着の質の個人差と大人の関わりの質

　不安や恐れなどを感じた際に，特定の他者の側に寄って，くっついていたいという思いがあったとしても，その愛着行動には個人差がある。愛着の質を調べる方法として，「ストレンジ・シチュエーション」という方法がある。初めての場所に愛着対象者として想定される養育者などと一緒に入室し，途中で，一緒に入室した養育者などが部屋を出ていったり戻ったりする場面を設ける。そして，その養育者などとの分離と再会時の子どもの行動から，愛着の質として表2-1のように3つに分類される。

　また，1990年代以降，Dタイプ（無秩序型）が注目されている（Main & Solomon, 1990）。養育者がいなくなっても戻ってきても，一貫した行動がみられず，養育者を求めているのか，避けようとしているのか，何をしたいのかがわからない行動を示すタイプである。

　愛着の質の個人差は，子ども自身の生まれながらの気質と愛着対象者の子どもへの関わり方との相互作用によって決まってくるが，以下では，愛着対象者である養育者の日常的な行動から愛着の質の個人差を捉えていく。

　Aタイプの回避型の養育者は，子どもからの働きかけに拒否的に振る舞うことが多く，子どもが甘えようとすると嫌がったりすることが多い。そのため，このような経験から，子どもは苦痛を感じていても養育者を求めること自体を避けてしまうと考えられる。Bタイプの安定型の養育者は，子どもの欲求や変化に敏感で，適切に応答する。子どもは自分が求めれば養育者は応じてくれるという信頼感をもち，不安な気持ちも養育者との再会で容易に解消される。Cタイプのアンビバレント型の養育者は，自分の気分次第で，子どもの欲求を受け入れたり拒否したりする。それゆえ，子どもは不安な気持ちを強くもつが，

表2-1　愛着の質（Ainsworth et al, 1978）

Aタイプ（回避型）：養育者がいなくなっても特に苦痛を示すようなこともなく，養育者が戻ってきても特別な行動も示さず，養育者が近づこうとするとむしろ避けようとする。 Bタイプ（安定型）：養育者がいなくなると泣き出したり去って行った方向に移動したりして，養育者を求める行動を示す。そして，養育者が戻ってくると嬉しそうに積極的に身体接触を求めたりして，不安が容易に解消される。 Cタイプ（アンビバレント型）：養育者がいなくなると泣き出したりして，苦痛を示すが，養育者が戻ってきてもなかなか機嫌がなおらず，逆に怒ってしまうなどの行動がみられる。

それを解消するために，養育者に近づいてよいのかどうかわからず，回復する
ことができないと考えれる。Dタイプの無秩序型の養育者の行動に関する証左
は少ないが，抑うつ傾向の高い養育者の子どもや虐待されている子どもに多い
（Ainsworth & Eichberg, 1991）。

　このように日常での子どもへの関わり方が愛着形成において重要であること
が指摘されている。子どもにとっては，集団保育場面での安心の基地となる大
人は保育者であり，同様のことが考えられるのではないだろうか。安定した愛
着を形成できるためには，保育者のBタイプの養育者のような関わり方が必要
だろう。

(2) 大人との関わりと情動の発達

　図2-1は，生後3年間における情動の発達を表している。ルイス（Lewis,

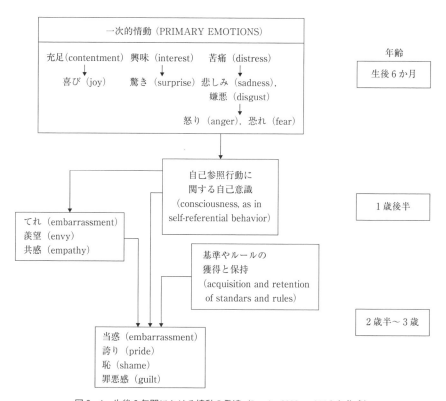

図2-1　生後3年間における情動の発達（Lewis, 2008, p. 316より作成）

2008)によれば，喜び，驚き，悲しみ，怒りなどの情動は生後間もない時期からみられ，生後6か月頃までには出そろう。その後，他者の目を意識した情動であるてれ，共感などの自己意識的情動が出現する。さらに，2〜3歳頃になると，誇りや恥，罪悪感などの自己評価的情動が出現する。これらの情動は，大人との関わりの中で，褒められたり叱られたりしながら，してもよいことや，してはいけないことなどを知り，自分の行動はその基準にあっているかどうかの評価によって生じる。そして，このような情動は行動の制御と関連していくと考えられる。

　1歳半頃になると，子どもは単語レベルでの主張やよちよち歩きでの移動ができるようになってくる。それと同時に，他者とは違う自分の意志を強く出してくる。いわゆる，自我の芽生えの時期を迎える。大人は，今まで素直に従ってくれていた子どもが，「イヤイヤ」と言いだすので，戸惑いを感じていく。この時期の子どもは，自分のしたいことと自分でできることとにギャップがあり，うまくいかないと癇癪を起こすこともある。一方，養育者も，子どもの発達に伴い，子どもの行動に制限を加えるようになり，両者の葛藤が生じる。子どもの主張が通ったり，通らなかったりといった経験の中で，情動を調整する経験を重ねていく。

　2〜3歳頃になると，大人は，何気ない日常の中で，例えば，一人で帽子をかぶると「すごいね。帽子かぶれたね」と言ったり，裸で暴れ回ると「あー，恥ずかしい」などと言ったりする。このような大人との関わりの中で，他者から見られる自分を意識し，自分の中に大人から認められる行動かどうかといった基準ができ，自己評価的情動が芽生えていく。

2 ── 子ども同士のいざこざと保育者の関わり

　保育所や子ども園で子どもたちは初めて同年齢の子どもたちの集団の中で過ごす。子どもは，生後間もなくから同じ頃に誕生した乳児の泣き声に対してもらい泣きをするという情動伝染が生じやすい。また，他児に対して特別な興味をもち，生後5〜6か月頃には相手をみて発声したり，ニコッと笑ったりなどの社会的行動がみられ，その後，物を取ろうとしたり渡そうとしたりする行動もみられてくる。また，保育所などでは，0歳児クラスから子ども同士のいざ

こざもみられ，保育者の関わりは，その後の子ども同士の関わりの発達に影響していくと考えれる。

　いざこざは，互いの欲求や意見の衝突であり，いざこざが開始できると言うことは，自分の意志が明確であることが前提となる。さらに，いざこざを継続できることは，互いの欲求などが理解でき，それを交換できなければならない。また，いざこざを解決するためには，自分の気持ちを抑えたり，自分の思いを主張しながらも相手の欲求や気持ちを受け入れたり，社会的なルールを利用できたりすることも必要となる。このように，いざこざの始まりから終わりまでの過程には，不快な思いや互いに納得して和解できたときの嬉しさなど様々な情動を経験する機会がある。また，同時に，自己主張や自己抑制，コミュニケーション能力，他者理解や社会的ルールの理解なども含まれ，社会情動的発達が反映され，かつ，それらを育む機会ともなる。

　保育所の1歳〜3歳頃までの子ども同士のいざこざはおもちゃなどの物の所有を巡るものが多くを占めている（本郷ら，1991；松永ら，1993）。1歳頃は，おもちゃをとられてもそのままでいたり，時には泣いたりしても，相手には何も反応せず，いざこざ自体が成立しないことが多いが，徐々に取りかえそうとしたり，発声したり，叩いたりといったやりとりがみられるようになる。また，いざこざのやりとりの中で，相手に物を渡すという行為もみられるようになる。

事例1　A児（14か月）とB児（17か月）とのやりとり

　木製のパズルボックスを挟んで，A児とB児が笑い合う。A児が円柱積み木をもっていると，B児がそれを取ろうとして，叩きあいになる。そこに，保育者がやってくる。A児がボックスにいれた円柱積み木をB児が横穴からとる。その後，B児はそれをボックスに落とすが，A児の動きがゆっくりなため，B児がすぐにとってしまう。保育者は，なんとかA児にもとれるように「ここからだよ」などと教えるがA児はとれない。保育者が去る。

　B児が円柱積み木をボックスに入れると，A児は横穴から取ろうとするが，B児が素早くとってしまう。これを3回繰り返す。すると，B児は円柱積み木をボックスに落として，A児を見てしばらく待つ。A児が円柱積み木を横穴からとる。A児は，それをしっかり握ってボックスに入れようとしない。

　B児は，「ポン！」と言って，ボックスの上を両手で叩く。ボックスを片手で自分の方に引き寄せながら，もう一方の手でA児を叩こうとする。その後，2人でボックスを引っ張り合うが，B児がボックスから手を離し，2人は顔を見合わす。

> 　A児は，「どうじょ」と言って，別の三角積み木をB児に差し出す。B児は受け取ってボックスに入れようとするが，入らない。それを2度繰り返すが，入らないので，寝転んでしまう。すると，A児はB児の顔を覗き込む。そこに，保育者がやってくる。
> 　　　　　　　　　　　　　　　　　　　　　　　　　　　（松永ら，1993）

　事例1は，0歳児クラスの子ども同士のやりとりである。互いに笑い合い，友好的な関わりからいざこざに変化する。1歳を過ぎると，このように笑い合ったり真似をしたりなどのやりとりもみられるようになる。事例1での子どもたちは，積み木ボックスの真ん中の円柱の形にしか積み木を入れることができず，その円柱の積み木を巡っていざこざが生じている。保育者は順番に使えるように試みるが，うまく行かない。保育者が去った後，B児は積み木をボックスに落としてA児を見てしばらく待っており，A児に円柱を取らせてあげることを意図しているのではないだろうか。さらに，B児はボックスの上を叩いて，「ポン！」と言っているが，これは，A児にその円柱をボックスに落としてと言っていると考えられる。B児は，保育者が意図したように，A児と順番に使うことをイメージしたのではないだろうか。しかし，A児は円柱を手放すことはできないが，その後，「どうじょ」と言って三角の積み木をB児に渡そうとする。B児はそれを受け取りボックスに入れようとするがはめることができず，寝転んでしまう。すると，B児の顔を覗き込んで気にしている。A児もB児も互いの欲求を理解し，一緒に遊ぼうとしたかったのではないだろうか。このように，1歳台の子ども同士のいざこざにおいても，相手の欲求を理解して，その思いに応えようとする姿がみられる。

　1歳半以降になると，物の所有を巡るいざこざだけでなく，善悪の判断に関連するいざこざもみられるようになる。

事例2　A児（19か月），B児（22か月），C児（26か月），D児（21か月），E児（26か月），F児（25か月）のやりとり

　B児が「あっちいって」と言いながらC児を何度も押し，C児が泣き出してしまい，保育者が慰める。B児は，ベランダに移動する。この様子を時々みていたA児は，B児の方に片手を伸ばしながら近づく。A児がB児の腕にかみつく。B児は激しく泣き，保育者が止めに入り，A児を叱る。すると，D児がA児に向かって「だめよ」と言っている様子。A児は憮然として，教室にいた他児にかみつく。保育者が止めに入り「Aちゃん，めっ！」と言う。すると，E

児が「Aちゃん，めっ！」と言って，絵本でA児の頭を叩く。A児は，E児を追いかける。その途中で，絵本を見ていたF児の絵本を取ろうとして，引っ張り合いになり，A児はF児にかみつく。保育者が止めに入り，A児を叱る。

（松永ら，1993）

　事例2は，B児がC児を泣かせてしまったのを見届けて，A児がB児をかみついた事例である。A児は保育者に叱られるが納得せず，別の子にかみついてしまう。A児は，他の場面では自分が他児の物をとろうとして相手を泣かせてしまった場面などでは，「ごめんちゃい」と謝っているので，この場面では，A児自身，悪いことをしたB児を叱ったのに自分が叱られたので気持ちが収まらないのではないだろうか。さらに，D児もE児も保育者を真似てA児を叱る。

　この事例のように，直接関わる相手だけでなく，場を共有している他児への関心もみられ，さらに，良いか悪いかといった二価値的な判断のレベルではあるが，道徳的な判断の芽生えともいえる行動もみられてくる。また，保育者の行動も，直接関わっている子どもだけでなく，まわりの子どもたちに影響を与えていることがよくわかる。そして，2歳台になると，片言ではあるが言葉によるやりとりができるようになり，身体的攻撃も減少していく。

　3歳未満の子ども同士のいざこざの多くには，保育者の介入がみられ，その介入の仕方によって，子どもたちは様々なことを学んでいく。

　1歳頃では，保育者は叩こうとする行為を制止したり，注意を他に向けようとしたりすることが多く，子どもからの抵抗もなく終わることが多い。1歳半頃になると，保育者の関わりも変化し，子どもの気持ちや意図を言語化して受容したり，相手の気持ちや意図などの内的状態について言及したり，「貸して」などやりとりのモデルを提示したりして，子ども同士のやりとりが成立できるような働きかけがみられるようになる。2歳以降になると，子どもは自分の思いをいっそう強く出すようになり，情動が強く表出され，いざこざを保育者が止めに入る制止的な介入や受容的な介入も多くなる。また，順番などの解決策の提示などもみられてくる（本郷ら，1991：松永ら，1993）。

　このような保育者の関わりから，子どもたちは様々なことを学ぶ。保育者からの制止により，して良いこととしてはいけないことを意識するようになるだ

ろう。また，自分の思いを言語化されることにより，保育者から受け入れられているという安心感をもつと同時に，自己への意識化も促されるだろう。さらに，相手の気持ちや意図などの内的状態の言及により，その場の相手の内的状態を知るだけでなく，他者の内面に注意を向けることを知り，それは他者理解や共感性の芽生えとなるだろう。また，「貸してちょうだい」などの相互作用モデルは，他者から物を借りるときの方策を知るだけでなく，他者の物を取ってはいけないなどの社会的規範意識へと結びつくだろう。

　以上のように，いざこざ場面で子どもたちは様々な情動を経験するとともに保育者の関わりから様々なことを学ぶ。いざこざが単に不快な経験となるか，社会情動的な発達にとって有益な経験となるかは，保育者の関わりによるところが大きいと考えられる。

2節　子ども同士の関わりの進展

　3歳以降になると，子ども同士だけでの遊びも活発になり，やりとりの質も変化していく。本節では，3歳以降の子ども同士の関わりとその関わりを通して育まれる自己や社会性の発達について概観する。

1 ── 子ども同士の遊びと発達

(1) 遊びの発達的意義

　乳幼児期の子どもにとっての遊びは，大人の遊びとは異なった特別な意味をもつ。子どもたちは，遊びを通して，友だちの思いや気持ちに触れながら自分とは異なる存在としての他者を知り，同時に，自分自身のことを考えたりする。また，友だちとの遊びを続けていく中で，互いの思いを伝えあいイメージを共有したり，一緒に何かを完成させたりして喜びを感じたり，時には思いがぶつかり合いいざこざとなり不快な思いを感じたりなど，様々な情動を経験する。このように，遊びを通して子どもたちは，他者理解や自己理解，情動調整やコミュニケーションスキル，他者と関わることの楽しさや達成感，さらには，社会的ルールや社会的知識など様々なことを知り，感じ，自分の中に取り込んでいく。

(2) 遊びの発達的変化

①象徴的遊びからごっこ遊びへ

　生後3か月頃の赤ちゃんは，寝ている頭上でまわるメリーゴーランドをじっと見て手足を動かしたり，おもちゃを握ってなめたり振ったりしながら遊ぶ。このような遊びを感覚運動的遊びという。そして，1歳半頃になると，積み木などをケーキに見立てて，口に持って行き食べるまねをするようになる。また，人形を寝かせてタオルをかけて，「ねんね」と言いながら，手でトントンと叩いたりもする。このようにあるものを別のものに見立てて遊ぶことを見立て遊びと言うが，象徴機能の発達の現れとして象徴的遊びともいわれる。

　1歳後半になると，大人を介して，一つのテーブルを囲んで，それぞれが積み木などを何かに見立てて，食べるまねをしたり，飲むまねをしたりして，子ども同士の関わりの中でも，象徴的遊びがみられてくる。

　2歳を過ぎると，大人を介して，料理をして食べたり，買い物に行って戻ったりと，少しずつストーリー性のある遊びをするようになる。そして，3歳以降になると，赤ちゃんやお母さんなどの自分以外の何者かになって，朝起きて，食事の準備をして，出かけて，夜になって寝るなど，よりストーリー性がはっきりして，子どもたちの遊びを見ているまわりの大人からも遊びの展開がわかるようなごっこ遊びがみられてくる。

　3歳頃は，同じ場で，同じごっこをしているようでも，各自がそれぞれのイメージでごっこを展開することも多く，時々，ストーリーが食い違い，いざこざとなり，ごっこ遊びが終わってしまうこともある。けれども，4～5歳頃になると，「ピクニックに行くことにするね」「うん，いいよ」や「私，ワンちゃん，ワンちゃん，逃げちゃったのね」「わかった」などのストーリーを確認する会話が聞かれようになる。また，ごっこへの新たな加入者には，自分たちが何の役をやっているかを宣言し，「お母さん役でいい？」と聞いたりして加入の賛否を決めたり，「これから，旅行にいくの」などストーリーを説明したりなどの様子もみられる。このように，子どもたちは，時々現実に戻り，ストーリーを提案して，友だち同士で伝え合いながら，ごっこのストーリーを調整していく。そして，時にはそのストーリーを巡っていざこざになり，遊びが終わってしまったり，イメージがどんどん展開していき，お家ごっこがいつのまにか

レストランごっこになったりもする。

　さらには，一つのごっこ遊びで閉じるのではなく，ごっことごっこが結びついたりもする。お家ごっこのお母さんとお父さんと赤ちゃんが，別の場所で遊んでいるレストランごっこのレストランに食べに行ったり，お店屋さんごっこのところで買い物をしたりすることもみられる。また，時には，人間のお家ごっこが，怪獣ごっこの怪獣に進入されたのをきっかけに，怪獣のお家に変わることもある。

　このように，子どもたちのごっこ遊びは，ストーリーを伝え合いながら，時には，別のごっこ遊びと結びついたり，別のごっこに変化したりしながら，展開されていく。そして，この不安定さと柔軟さが幼児の遊びの特徴であり，それゆえに，様々な社会情動的発達に関連する経験につながる。

②虚構世界と現実世界の行き来

　以前，ある幼稚園を訪問した際に，3歳児クラスでお家ごっこをしており，そこにお客さんとして呼ばれた。子どもたちは，いろいろなものを作り，食べさせてくれるが，私は他のクラスもみなければいけないので，その場から去りたいと思い，電話を見つけて，「リーン，リーン，あっ，電話だ」と言った。子どもたちも，「電話だ」と私のストーリーにのってくれた。けれども，私が受話器を取り，「はい，わかりました。すぐ，行きます」と言って立ち去ろうとすると，一緒に遊んでいた子どもに「それ，聞こえないよ。うそっこだよ」とぼそっと言われてしまったことがある。

> **事例3　虚構と現実の世界**
> 　4歳児クラスの教室で女児4名が猫ごっこをしている。3人の女児が四つん這いになり，「ニャーニャー」と言いながら教室内を這っている。A児が飼い主で立って猫たちを見ながら，「猫ちゃん，一本線になって」と両腕を伸ばしながら言う。猫のB児，C児が順にA児の前に並び，D児は少し離れたところで這っている。A児が「ほら，猫ちゃん，一本線になるよ」と言ってD児を手招きし，D児もC児の後ろに並ぶ。A児が「じゃあ，いち，にい，さん。3人，仲良しになって」と言うと，3人が手をつなぐ。A児が「じゃ，こっちきてください。はやく，手つないで」と言いながら，スキップで出入り口の方に移動する。3人は手をつないでいるので，並列になり一本線にはなれない。
> A児「違うよ。一本線。Dちゃん，Bちゃん，うしろ」
> D児「えー，私だってつまんないよ」

> B児「私だって……（聞き取れない）」
> D児もB児も，A児のすぐ側に並びたいようである。A児が，「じゃ，二人組に
> なって」と言うと，C児とD児が手をつなぐ。B児は離れている。A児が「一
> 本線，一本線」と言いながら出入り口の方に行くと，C児，D児は，「ニャー，
> ニャー」と言いながら続くが，B児は四つん這いになったまま進まない。さら
> に，C児が寝転がってしまう。
> A児は，「だーーーめ，起きなさい」とC児の耳元で大声で言う。
> C児は，「耳，聞こえなくなっちゃうと思ったんだからね」と素に戻って言うと，
> A児も素に戻って「ごめん」と言う。そして，飼い主役に戻ってA児が「一本
> 線」と言いながら出入り口の方に行く。D児はついて行くが，C児はまた寝転
> がってしまう。A児は，素に戻って「Cちゃん」と呼び，近づいて「早く」と
> 優しく言う。そして，ごっこに戻り，A児を先頭に3人が四つん這いで教室を
> 出て行く。
> 　　　　　　　　　　　　　　　　　　　　　　　　　　　　（観察資料より）

　子どもたちがごっこ遊びで，お母さんのような口調になったり，ペットの猫になって「ニャーニャー」としか言わず這っていたり，戦いごっこで「変身」と言って顔つきまで変えている様子をみると，すっかりその役になりきって，うそっこ（虚構）の世界に入り込んでいるようにみえる。けれども，子どもたちは，ごっこという虚構の世界と現実の世界を行き来している（事例3参照）。ごっこ遊びは，一緒に遊んでる子どもたちが共通の虚構世界と現実世界を自由に行き来できることにより成立し，遊びが作り上げられていく。

③共通の目的にむかっての協同の遊び

　ごっこ遊びは，子どもたちのやりとりの中でストーリーが作り上げられていき，その不確かさに面白さがある。それとは異なり，あらかじめ目的を決め，それに向けて進めていく遊びもある。5〜6歳頃になると，遊園地を作ろう，お化け屋敷を作ろうなど，最終的な目的を共有して，それに向けてそれぞれが役割をもって活動し，相談して進めていく遊びもみられるようになる。時には一日では完成せず，数日かけて作り上げることもある。また，うまくいかず試行錯誤したり，意見が食い違ったりして，なかなか進まないこともある。しかし，それゆえに，完成した時には，一緒に作り上げことの充実感と達成感を味わうことができる。そして，この経験が児童期以降の協同の学びへとつながっていく。

　子どもたちの遊びは成長とともに変化し，同時に，その遊びの中で試行錯誤

し，葛藤を経験しながら自ら成長していく。

2 ── いざこざの変化からみる子ども同士の関わりの発達過程

　遊びの発達的変化の概要をみてきたが，子ども同士の遊びには，いざこざが多く生じ，そこでのやりとりには，子どもたちの成長の姿が現れている。幼稚園の3歳児クラスから卒園までの3年間の縦断観察資料をもとにした，いざこざの原因と終結から子ども同士の関わりの発達的変化をみていく（Kinoshita, et al, 1993）。

(1) いざこざの原因の発達的変化

　いざこざの原因の結果が図2-2である。どの年齢時でも，物や場所の所有を巡るいざこざが最も多い。特に，4歳時になると，物や場所を巡るいざこざが約半数を占め，子どもたちのイメージをもったごっこ遊びが活発に展開されていることが読み取れる。また，3歳時ではイメージのズレによるいざこざが他の年齢時よりも多く，これは，ごっこ遊びなどでのイメージの食い違いで，一緒に場を共有して遊んでいても，それぞれ自分のイメージで遊んでいることが多く，遊びの途中でぶつかってしまうからであろう。けれども，4歳時以降になると，イメージのズレによるいざこざが減少し，遊びに関する決定のズレが増えてくる。これは，遊びへの加入やごっこ遊びでの役割や内容を巡るいざこざである。「私，赤ちゃん」「えーー，私だよ」といったやりとりなど，友だちと何をどのようにするかを相談しながら遊びを展開するようになるので，このようないざこざが多くなる。5歳時になると，ルール違反によるいざこざが増えてくる。これは，ルールのある遊びが多くなったり，園のルールに敏感にな

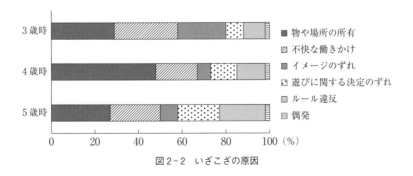

図2-2　いざこざの原因

ってくる現れと考えられる。

(2) いざこざの終結の発達的変化

　いざこざの終結の結果が図2‐3である。3歳時では，不成立や単純な抵抗，さらに自然消滅が多い。また，相互理解も多い。しかし，この時期の相互理解は，4歳時以降とは異なり，例えば，他児が使っている物を黙って取ろうとして，「だめ」と言われたので，「貸して」と言い，すると，すぐに貸してもらえたなど，互いに自分の思いや意見を言い合うことはまだ難しく，簡単なやりとりで一方がすぐに納得して相互理解で終わっている。4歳時になると，単純な抵抗も多いが，物別れによる終結が多くなっている。自分の思いを言い合うことはできるようになるが，まだ互いの要求や意見を調整するには至らず，物別れに終わってしまう。5歳時になると，6割以上が相互理解により終結している。互いに自分の思いや意図を説明し合ったり，「じゃんけんで決めよう」とルールを使って解決したり，「こっちのを貸してあげるから，貸して」と条件を出して譲歩し合ったりする。また，ごっこ遊びでの役決めでは，お母さん役のなり手がおらず揉めると，「じゃ，お母さん，今，お出かけ中ね」などと，その役に誰もならなくてすむような考えを出して解決していく。このように，子どもたちは様々な解決策を使って，自分たちでいざこざを解決できるようになっていく。

　また，このような観察研究だけでなく，仮想課題を用いた子どもへの質問による研究においても，5〜6歳頃になると，自分も相手も交互に物が使えるように自他関係を調整する回答が多くなることが示されている（長濱・高井，

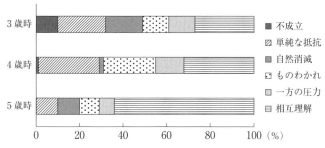

図2‐3　いざこざの終結（Kinosita, Saito, & Matsunaga, 1990より作成）
＊エピソード数は，3歳時163，4歳時90，5歳時117

2011)。

3 ——子ども同士の関わりと社会情動的発達

　子ども同士の遊びの中では，友だちの気持ちや考えなど他者の内面的世界に触れると同時に，自分の気持ちや意図を主張しながら，自分の内面をも意識化することになる。また，自分の気持ちを抑え，相手の思いを一生懸命聞こうとしたり，自分の思いを伝えようとしたりコミュケーションを図る。さらに，ルールを使ったり，妥協案を考え出したりする。このように，同輩との遊びを通して，他者理解やルールの理解，自己理解や自己制御力など様々な社会情動的発達に関連する力を培っていく。

(1) 自分の気持ちや行動を調整する

　3，4歳頃になると，子ども同士の関わりを通して，自分の欲求や思いを相手に主張するだけでなく，少しずつだが，相手の思いにふれ，自分の気持ちや主張を抑えることもできるようになってくる。事例3では，A児が中心になって遊びを進めているが，他児はそれに従うだけでなく時にはごっこから素の自分に戻ってA児に不満をぶつけ，A児もそれを受け入れ自分を抑えて遊びを進めている。このように，子ども同士の関わりの中で，自分の要求や気持ちを主張したり，抑えたりする経験を積み重ね，自分で自分の気持ちや行動をコントロールする力をつけていく。

　自分の気持ちや行動のコントロールを自己制御あるいは情動調整という。自己制御には，「自分の欲求や意志を明確に持ち，これを他人や集団の前で表現し主張する」という自己主張的側面と，「集団場面で自分の欲求や行動を抑制，制止しなければならないとき，それを抑制する」自己抑制的側面とがある（柏木，1988）。

　親と幼稚園の担任教師による観察評定を用いた縦断研究によると，自己主張的側面と自己抑制的側面は幼児期を通して異なった発達をみせる。また，親と教師とでは異なった評定をしている（図2-4，松永，2008）。親評定では，自己主張得点は4歳児クラスと5歳児クラスにかけて著しい変化がみられるが，一方，自己抑制得点は，3歳児クラスから5歳児クラスにかけて徐々に高くなっている。それに対して，教師評定では，自己主張得点は3歳児クラスから4歳

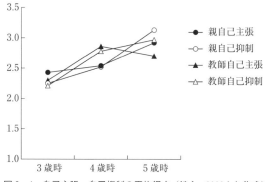

図2-4　自己主張・自己抑制の平均得点（松永，2008より作成）

児クラスにかけて著しく上昇的変化がみられるが，4歳児クラスと5歳児クラスではやや下降している。自己抑制得点は，3歳児クラスから4歳児クラスにかけて著しい変化がみられ，その後も緩やかな上昇がみられている。自己抑制力は，親からみても教師からみても，幼児期を通して徐々に発達していくと捉えられている。自己主張は両者間にズレがみられ，親からは4歳頃から6歳頃にかけて発達すると捉えられ，教師からは3歳頃から4歳頃にかけて発達すると捉えられている。これは，評定者の立場の違いで大人が子どもに何を期待するかによって自己主張力が影響を受けていると考えられが，同時に，実際に子どもたちがみせる姿が家庭と園という集団の場で異なっているのかもしれない。

　状況に応じて，自分の欲求や思いを主張したり抑えたりする自己制御は，他者との関わりの中で生活していく上でとても大切な力である。園での他児に対する自発的な向社会的行動には，自己主張も自己抑制も高く自己制御機能がバランスよく働いていることが重要であることが示されている（伊藤ら，1999）。園での集団生活場面において，自己主張よりも自己抑制の方が重んじられているように思う。しかし，自発的に他者を思いやる行動がとれるためには，自分を抑えるだけなく，必要なときに主張できることが必要である。人が他者との関係の中で生活をしていく上で，自己主張と自己抑制のバランスの良い自己制御機能の発達が重要ではないかと思われる。

(2) 他者の行為の意図を考える

　心の存在の認識とその働きの理解について，「心の理解」という枠組みの中で，

様々な研究がなされている。

事例4　他者の心の理解

　3歳児クラスの6月の出来事。園庭にちょっと堅めの赤土でできた小さな山ができている場所があり，T児がそこでシャベルで穴を掘っていた。S児はその山の側で泥チョコレートを作っている。K児が山の上に乗ろうとするが，T児に「入っちゃだめ」と言われ，すぐに立ち去る。次に，K児がシャベルを持ってやってきて，T児の隣に座り，穴を掘ろうとした。

T児「だめ」

K児「なんで。入れて」と言って，しゃがんで穴を掘りだす。

T児「だめ。工事屋だから」

K児「なんで，なんで，僕だってやりたい！」と穴掘りをやめ，T児をにらむ。

T児「だめ！！　工事やってるから，だめ！」

K児「僕も，やる！」と言って，再び穴を掘りだす。

T児「だめ！！」

　しばらく，このようなやりとりが続いたが，K児はあきらめて去っていった。すると，黙って側で見ていたS児が口を開いた。

S児「工事って危ないもんね。工事は固まると入ってもいいけどね。」

T児「うん，工事は危ないもんね。」とにっこり笑って言った。

（観察資料より）

　事例4のS児の「工事って危ないもんね。工事は固まると入ってもいいけどね」という一言を聞いて，筆者は，S児がT児の友だちとのやりとりをこんな風に考えていたのかととても驚かされた。T児がなぜ友だちを拒否するのかを，S児は推論しており，3歳児でも友だちの行動のわけを心に起因させて考えている。このように，幼児も友だちの行動を単に見ているだけでなく，その行動から友だちの行動の意図などを推測している。つまり，S児は，人には心が存在し，その心（考え）によって行動がなされると認識していると考えられる。けれども，人は必ずしも，自分と同じ知識を共有しているわけではない。事例4では，S児は自分の工事についての知識をもとに，T児の行為のわけを考えていたが，自分は知っているが他者は知らないという状況で他者の心を理解できるようになるのは，もう少し後になってからである。

　他者の心の理解を調べる課題として，誤信念課題がある。他者が思い込んでいる信念と実際の現実が異なることを誤信念として，他者はどちら（誤信念か事実か）をもとに行動するかを問う課題である。例えば，主人公が留守にして

いる間に，主人公がしまったものを他の人が違う場所に移動してしまった時に，「主人公はどこを探すと思うか」と問う。この課題ができるためには，自分は事実を知っていてもそれを抑え，主人公は事実を知らないので，事実とは異なる信念をもっており，その誤信念に基づいて行動するということを理解して，他者の行動を予測することが必要である。このような誤信念課題ができるようなるのは4歳頃になってからで，こうした能力の発達により，他者の心の理解の幅が広がり，同時に子ども同士の関わりもより発展していく。

(3) 他者の情動を理解する

事例5　他者の気持ちの理解

　4歳児クラスの男児3人が教室に青，青，ピンクの色の椅子を並べ，絵本を見ようとする。

　A男は本を1冊持って一番左の青椅子に，B男はその隣の青椅子に座る。C男は，両手に1冊ずつ本を持ちながら，椅子に座らず2人を見ている。

　B男が「こっち」とC男を見ながら，隣のピンクの椅子に手を置く。けれども，C男は黙って2人を見ている。B男はA男の顔をみて，<u>困ったような顔をする</u>。C男は，手で鼻を擦りながら2人を見ている。B男は数秒困った顔をしたまま座っていたが，C男の方を見ながら，「先生に言ってこう」と言って移動しようとする。すると，A男が「いいの，こっち来て」と手招きし，B男は戻りながら，C男を指さしながらA男に何か言い，青椅子に座りC男を見る。C男は立ったまま2人を見ている。

　すると，A男が「じゃ，C男，俺のそば」と言いながら，ピンクの椅子を自分の椅子の前に動かす。C男は2人に少し近づくが，座ろうとしない。

　A男が「<u>じゃあね。じゃ，俺の貸してあげるよ</u>」と言って，自分の青椅子をC男に渡し，ピンクの椅子に座る。C男は，青椅子をB男の隣に並べる。すると，A男が「違う」と言って，自分の前にC男の青椅子を置く。<u>C男は自分の持っている2冊の本を椅子の背もたれにかけて座る</u>。そして，3人は三角形で向き合うように座り，A男が持ってきた本を一緒に見始めた。

（観察資料より）

　子ども同士の遊び中では，「いやなの？」「つまんないの？」など友だちの気持ちを推測する言葉が聞かれる。また，事例5のように，具体的に，どのような思いなのかを推測している場面も目にする。事例5では，C男は何も言わないが，B男は〈C男はピンクの椅子が嫌なんだ〉と推測している。けれども，A男は，〈自分の側に来たいんだ〉と考えたようである。また，A男に椅子を交

換してもらったＣ男は，〈Ａ男が３人で一緒に絵本を見たいと思っている〉ことを察して，自分の持っていた２冊の本はしまい，一緒に絵本を見ている。このように，友だちの気持ちや思いを互いにくみ取り合いながら，子どもたちは遊んでいる。

　３歳頃までには，自分がその立場にたったらどんな気持ちになるかを考えることにより，状況から他者の気持ちを考えられようになる。さらに，人は同じ状況でも必ずしも同じ気持ちになるわけではなく，その人の好みなどの特性によって違ってくる。事例でも，Ｃ男がピンク色が嫌だったことをＢ男は察しているが，Ａ男は察することができなかったようである。おそらくＢ男は自分もピンク色が嫌なのでＣ男の気持ちがわかったが，一方，Ａ男は特に色にはこだわっていなかったようで，Ｃ男の気持ちはわからなかったようである。このように，自分とは異なる特性をもつ他者の気持ちを推測できるようになるのは，５〜６歳以降である（松永，2005）。

　また，人は，ある出来事に対して同時に相反する情動を抱くこともある。久保（1996）の研究では，５歳児と７歳児に「マーちゃんのうちに赤ちゃんが生まれました。マーちゃんは嬉しい気持ちもしたし，悲しい気持ちもしました。それはどうしてですか？」と尋ね，その結果，７歳児のほとんどがつじつまのあう説明をしたが，５歳児は３割くらいしかそのような説明ができなったことが示されている。このような入り混じった気持ちの理解は，児童期以降に発達していくと考えられる。

　子ども同士の遊びの中では，様々な情動が言及され，子ども同士の遊び場面で「おもしろい」「楽しい」などの感情の言及がその後の親密な関係構築に寄与することの示唆を示す研究もある（岩田，2019）。また，事例４のように，言葉にせずとも表情で表し，そこから他児が相手の気持ちや思いをくみ取るなど，情動のやりとりがなされている。このような情動のやりとりの経験の蓄積により他者の気持ちの理解が深まっていく。

(4) 社会的規範を意識する

　社会の中で生活していく上で，その社会で共有される社会的規範を守ることが必要となる。子どもたちの初めての集団生活の場である園にもいろいろなルールがある。子どもたちは，自分の思いとルールとの葛藤を経験したり，時に

は自分がルールづくりの担い手になったりしながら，なぜルールが必要なのか
を考える機会をもち，それを守っていこうという社会的規範意識を培っていく。

　子ども同士の遊び場面にも，ルールの理解にとってとても重要な経験が含ま
れる。3歳頃には，「お面をかぶってない人は，仲間に入れない」「この場所は
3人しか入れない」など，自分の都合の良いような恣意的なルールを作り，そ
の受け手もすんなりと従う姿がみられるが，4歳頃になると「なんで，そうし
ないといけないの」など，友だちが作った恣意的ルールの必然性を問うような
会話も聞かれてくる。さらに，5歳頃になると遊びの構成員のためのルールも
考えるようになる。幼稚園の5歳児クラスの男児がオニごっこをしていた時の
出来事である。1人の男児が転んでしまった。オニだった子が，転んだ子を触
ると，どこからともなく「かわいそうだよ」という声が聞こえてきた。すると，
リーダー的存在の子が「えっ，かわいそう？　じゃ，マメにしよう」と言いだ
し，転んだ子はマメになった。マメは，捕まらない役である。実際には，この
マメ役の登場により，オニごっこは混乱し，いつの間にか終わってしまったの
だが，遊びの構成員の気持ちを考えてルールを考え出している。また，ブラン
コへの新規の加入者にリーダーの子が乗る順番をじゃんけんで決めるように言
うと，「負けた方，かわいそう」と誰かが言った。すると，リーダーの子は，
「かわいそう？　じゃあ，負けた方」と，負けた方が先に乗れるというルール
を作った場面を目にしたこともある。このように，子どもたち同士の遊びの中
で，子どもたちは他児の気持ちを考えながら，子どもたちなりのルールをつく
り，試行錯誤しながら，ルールはなぜ必要なのか，なぜ守らなければいけない
かを，子どもたち自身で実感し，考えるようになっていく。

(5) 他児から評価される自分を意識する―自己肯定感へ

　5，6歳頃になると，他児から自分はどう見られ，どう評価されているか，
受け入れられいるかを気にする様子もみられてくる。

事例6　他児からの評価

　5歳児クラスの秋。お帰りの会でちょっと変わった椅子取りゲームをするこ
とになった。並べた椅子にクラスの約半数の子どもが座り，立っている子ども
たちがその内側を音楽とともに歩き，音楽が止まると椅子に座っている友だち
の膝の上に座るというものである。保育者がこの椅子取りゲームを説明し，J

男は椅子に座ることになる。すると，急にJ男が教室から出て，その様子をテラスで見ていた筆者のところにやってきた。筆者はJ男が3歳児クラスの頃から，その園にたびたび観察に出向いているので，J男とは知り合いである。

J男：「やりたくない」

筆者：「なんで」

J男：「誰も，俺のとこ座ってくんない」

筆者：「そうかな」

J男：「そう，だって……俺，こわいもん」

筆者：「そんなことないんじゃない」

J男：「絶対，誰も座らない」

　椅子を並べ終わり，ゲーム開始の準備ができた。J男は，その間，筆者の側にしゃがんでいた。保育者がJ男に気づき，「おいで」というように教室から手招きする。けれども，J男は座ったままである。保育者がJ男を迎えにくると，J男は，「座ってくんない……」と言いながら，保育者と一緒に教室に入っていった。

　J男はうつむきながら椅子に座る。音楽がかかり，友だちがまわりを歩き，音楽がストップした。すると，そのクラスで一番体の小さな男児が，まっ先にJ男の膝の上に座り，J男は，満面の笑顔になった。　　　　　　　　　（観察資料より）

　事例6は，友だちから自分がどのように見られているかを意識した行動である。J男は，体が大きく，力も強い子である。また，自分の情動を押さえることがとても苦手で，3，4歳児クラスでは，自分の思い通りにならないことがあると，大声で叫んだり，椅子を投げつけたり，友だちを押し倒したりしてしまうことが多々あった。J男はそんな自分を意識し，友だちが自分を嫌っているだろうと考えていたのである。事例6では，幸運にもJ男の膝に座ってくれる子がいたが，もし，J男が予想したように，誰も座ってくれなかったらとハラハラしながら見ていた。その後に筆者との会話で，座ってくれた男児は，日頃から強いJ男にあこがれて一緒に遊びたかったけれども，J男と話すこともできなかったようである。その子にとっても，結果的にはこのゲームがJ男に近づく良いチャンスとなった。

　親や保育者からだけでなく，仲間から受け入れられていると実感できることが，仲間関係の形成や自己肯定感をもたらし，さらに，児童期以降の自尊感情や自己肯定感，有能感につながっていくと考えられる。

3 節　社会情動的発達を支える保育者の役割

　社会情動的発達にとって，保育所や幼稚園等において子ども同士の関わりが重要な機会となることをみてきたが，保育者の果たす役割も大きい。保育者は，安心の基地，理解者，共感者，モデル，環境構成など様々な役割を担う。中でも，子ども同士の関わりを支えるために重要な役割が，子ども一人一人の安心の基地となること，さらに，子ども同士の遊びの継続のための拠り所になることではないだろうか。

　子どもの年齢にかかわらず，保育所や幼稚園等で，安心して過ごし遊べるためには，何か怖いことや困ったことがあったら，きっと助けてくれるという愛着の対象としての保育者の存在が重要となる。保育者が子どもにとってこのような存在になれるためには，子どもとの信頼関係を築くことが必要であるが，それには子どもを肯定的に捉えることが重要である。ある幼稚園のカンファレンスの時の事例報告である。なかなか集団活動に参加しない5歳児クラスのA児のことが保育者たちはとても気になっていた。2月の誕生会の際に，偶然にもA児はO保育者とT保育者のところに，フラフープを持って行き，「これでゲームしたい。これをくぐって，……」と自分の考えたゲームをしたいと言う。O保育者は，『誕生会なのにまだ人と違うところに気持ちがいっているのか』と思い，「ゲームする時間はない」と答えた。T保育者は，『みんなとこんなことをしたら楽しいだろうなというところまで考えられるようになっている』と思い，「今は友だちの話を聞いてあげる時間だから，ゲームする時間があったらやろう」と答えた。A児には，T保育者からの返事は自分の考えたことが受け入れられたと伝わったのではないだろうか。また，自分のアイデアが受け入れられたことは，自信となり，自己肯定感にもつながっていくのではないだろうか。このように，同じ子どもの行為でも，保育者がどのように受け止めたかによって，子どもへの対応が異なってくる。そして，その積み重ねが，子どもとの信頼関係の構築と子どもの自分自身への信頼感に影響していくのではないだろうか。

　また，保育者の存在は，子ども同士の遊びを支えている。子ども同士の遊びの中でのいざこざ場面では，事例5のように，子どもたちは困ったときに保育

者になんとかしてもらおうとする。しかし，保育者に求められていることは，単なる解決策の提示だけではない。4歳児クラスの男児2人が忍者の修行ごっこをしていたがいざこざとなってしまい，1人の子が保育者を呼びに行った。保育者は2人の言い分を聞くがなかなか収まりがつかない。しかし，保育者が，「2人，一緒に何か作ってたんじゃない」と言うと，すんなりと2人の怒りが消え，すぐに遊びが再開した。2人とも保育者にいざこざの白黒をつけてもらいたかったのではなく，遊び続行のきっかけが欲しかったのではないだろうか。そして，この2人は，すぐにまたいざこざを起こし，一方は，「怒っているけど許してやる」と言い，一方は，「さっき，仲直りしたばかり」と自分たちのいざこざを第三者的視点から捉え直していた。

　このように，子ども同士の関わりを支える保育者の最も重要な役割は，一人一人の子どもの心の拠り所となるとともに，子ども同士の関わりの拠り所となることではないだろうか。

 研究課題

1. 子ども同士のやりとり場面と親子の関わり場面を観察して，どのような違いがあるか調べてみよう。
2. 子ども同士が遊んでいる場面で，どのような情動を表す言葉が交わされているか調べて，その役割について考えてみよう。
3. 子ども同士のいざこざ場面を観察して，その発達的意義と保育者の関わりについて考えてみよう。

推薦図書

● 『赤ちゃんの発達とアタッチメント―乳児保育で大切にしたいこと』遠藤利彦　ひとなる書房
● 『他者とかかわる心の発達心理学―子どもの社会性はどのように育つか』林創・清水由紀（編著）　金子書房
● 『子どもの社会的な心の発達―コミュニケーションのめばえと深まり』林創　金子書房

Column 2

動物飼育と子どもの社会情動的発達

　ウサギを飼っていた幼稚園で，ある一人の子どもが毎日のように長時間ウサギに語りかけている様子を目にしたことがある。ウサギに餌をあげながら「美味しい？　たくさん食べてね」などの他に，何か自分の思いを話しているようであった。その子は友だちと関わることが少なく，ウサギはその子にとって，園での心の拠り所になっているのかもしれないと思いながら見ていた。

　幼稚園教育要領等には，幼児期の終わりまでに育って欲しい10の姿に身近な動植物を大切にする気持ちをもって関わるようになることが記載されており，動物との関わりの経験が求められている。また，社会的にも動物介在教育の重要性が指摘されている。実際，保育所や幼稚園等での飼育率は，いくつかの研究をまとめると8～9割前後と非常に高い（山下・首藤，2005；谷田・木場，2004）。

　では，動物との関わりは，子どもたちにとってどのような意味があるのだろうか？　家庭でのペット飼育に関しては，動物飼育と子どもの共感性などの社会情動的発達とのポジティヴな関連性が見いだされている（塗師，2002；森下・小林，2014等）。小学校における動物飼育に関しては，年間計画にそって実施した「適切飼育」群と教育計画のない「不適切飼育」群を縦断的に比較した結果，一般的に児童期に向社会性や自尊感情が発達に伴って減少傾向にあるが，「適切飼育」群では，この減少傾向が抑制されることが示されている（中島ら，2011）。

　一方，幼稚園等においては，動物飼育効果の尺度を用いた実証的研究はほとんど見当たらず，家庭での動物飼育経験のない幼児において生命尊重の意識への効果を見いだしている研究もあるが，対象児が非常に少なく明確な結果とは言いがたい（小林ら，2018）。しかし，観察研究は多く，動物の世話だけでなく，子どもたちが動物の内的状態を言及したり，自分の喜びや怒り，秘密などを動物に語りかけたりするなどの様子が観察され，他者への愛情への派生や癒やし効果など様々な機能を有していることが示唆されている（Melson, 2001）。

　子どもたちの動物への関わり方は一様ではなく，その役割も多様だろう。幼稚園等において，子ども一人一人の動物と関わる様子を丁寧にみとることによって，その子にとっての動物とふれあう意味を考え，保育に活かしていくことが大切だろう。

第**3**章
身体機能と運動機能の発達

　歩き始めたばかりの子どもの姿を見たことがあるだろうか。両手を挙げてバランスを取りながらそろそろと前に出し，その足に体重をかけて一歩踏み出す。次に反対の足を慎重に前に出して体重移動する。大人にとっては当たり前の行動を慎重にかつ真剣に行っており，その表情は喜びにあふれてとても誇らしそうである。

　乳幼児期は一生の中で最も体の発育・発達が著しい時期である。幼稚園教育要領等には，5領域の一つとして「健康」，「幼児期の終わりまでに育ってほしい姿」の最初には「心身の健康」があげられている。このことからも乳幼児の体と心の育ちは密接に関わっており，保育や教育の中で重視されていることがわかる。

　本章では，身体的機能と運動機能の発達過程を概観する。また身体動作や運動能力の発達と関連する体を動かす遊びについて取り上げる。さらに身体的な発達と言語発達や社会情動的発達等との関わりについても理解を深めていく。

1 節　身体的機能の発達

1 ── 身体の発育と発達

　乳幼児期は身体が急速に発育・発達する時期であり，生涯の中で最も伸びが大きい。発達には，順序と方向性があるが，身体の諸器官の発達には，違いがある。スキャモンによると，一般型，神経型，リンパ型，生殖型の４つに分け，それぞれの臓器や器官ごとに特徴があり，形態と機能に違いがある（図3‐1）。

　一般型は，骨格，筋肉，内臓の諸器官が示す発育型である。身長や体重などの発育はこの型である。出生直後から４歳頃まで急激に発育し，７〜12歳頃までは緩やかに，その後再び急激に発育して，全体としてはＳ字型を示して成人に至る。

　神経型は，大脳・神経組織が示す発育型である。主に感覚器などの発育である。４歳頃まで急速に発育，７，８歳頃までに成人の90％くらいまで発育する。幼児期に運動機能や神経機能の発達が著しいのはこの神経型の発育による。

　リンパ型は，胸腺や扁桃腺，リンパ節などリンパ組織の発育型で，７歳頃までに100％，12歳頃までに200％まで発育する。その後，次第に減少して成人で

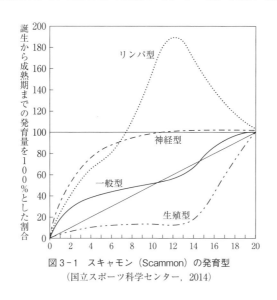

図3‐1　スキャモン（Scammon）の発育型
（国立スポーツ科学センター，2014）

は100％となる。生殖型は，生殖に関する器官が示す発育型であり，思春期以降急激に発育する。

　身体の発育・発達は，それぞれ器官による特徴があり，全体として発達し完成していく。これら身体の発育・発達は，運動発達と関連しており，運動や体を動かす遊び経験と関連している。

2 ── 身長・体重

　新生児は，平成22年度の調査によると身長の平均は男児48.7 cm，女児48.3 cm であり，ほぼ50 cm である。1歳になると1.5倍，5〜6歳で約2倍，成人で約3倍になる。出生時から男児が女児より高く，性差がみられる。

　一方新生児の体重平均は男児2.98 kg，女児2.91 kg とほぼ3 kg である。出生後1年間の体重増加は著しく，4か月で2倍，1年3倍，3年で約4倍，6年でほぼ6倍になる。身長と同様体重も男児の方が女児より重く，出生時より性差がみられる。身長は遺伝的要因の影響が大きく，体重は健康状態や栄養状態を推測するためのバロメーターとなる。特に乳幼児期には身長と体重の発育のバランスが重大であるため，身長と体重から算出した発育の程度を表すカウプ指数を用いる。

3 ── 乳幼児の身体機能の発達

　乳幼児は，様々な身体機能の顕著な発育がみられる。その中で，運動機能の発達と関わる呼吸機能と循環機能，身体バランスを取り上げる。

(1) 呼吸機能・循環機能

　幼児は，成人に比べて骨や筋肉を作るために多量に酸素を必要とする。最初は，腹式呼吸であるが，胸式呼吸へと変わる。身体が発育するにつれて呼吸機能も発達し，呼吸量が増加する。1分間に乳児30〜35回，幼児20〜25回，成人16〜18回と呼吸回数は成長とともに減少する。

　低年齢で身体が小さいほど心拍数は多い。年齢と共に心臓の重量やサイズが大きくなり，心泊出量は増加する。

(2) 身体バランス

　身長に対する頭長の割合は，新生児で4分の1，2歳では5分の1，6歳で

6分の1であり，小さい年齢の時ほど割合が大きく，発育するにつれて成人の8頭身に近づいていく。また手足が伸び，身体全体のバランスが変化する。動きの幅が広がる。

　幼い子どもが転倒しやすいのは，運動機能が未発達であることに加えて，頭や手足の発育のつり合いが取れていないことが原因の1つである。

 節 　**運動機能の発達**

1 ── 発達の方向性

　乳幼児の運動は，不随意的動きから随意運動へ変わり，体の上部から下部へ，中枢から末端部分へと発達していく。一般的には，頭部が最も早く，手指の動作が足指よりも先に発達する（図3-2参照）。

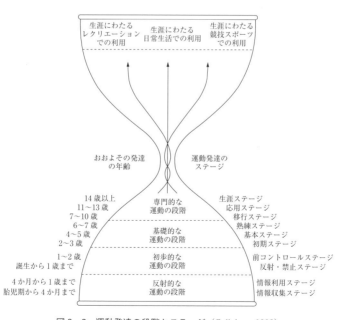

図3-2　運動発達の段階とステージ（Gallahue, 1993）

(1)「初期ステージ」— 2 〜 3 歳

投げる，蹴る，跳ぶなどの運動を行うことができる。しかしそれぞれの動作は未熟であり，熟練した運動パターンの主要な要素を習得していない。

(2)「基本ステージ」— 4 〜 5 歳

次第に自分の行動をよりよくコントロールすることができるようになってくるが，この段階ではまだ動きがいくらかぎこちなく円滑さに欠ける。

(3)「熟練ステージ」— 6 〜 7 歳

1つの運動パターンに含まれるすべての構成要素が良く協応して無意識に修正され，効率的な行動に統合される。熟練ステージに到達すると，より遠くに投げ，より速く走り，より高く跳ぶことができるようになる。熟練した基礎的なスキルは絶えず洗練され，他の運動スキルと組み合わされて，多様な専門的な運動で利用される。

2 ——乳幼児期の運動発達の特徴

(1) 胎児期

子どもの動きは，出生してから始まるものではなく，母親のおなかの中にいる胎児期の 6・7 週頃から動きが始まることがわかっている。8 週頃までは頭の動きが中心であり，16週目頃になると腕の動きが中心となる。しゃっくりは 7 週目頃から，あくびは13週目頃から，嚥下運動は 9 週目頃からみられる。指しゃぶりは 9 週目頃から起こるようになる。

(2) 新生児期

生まれて 1 か月までの新生児期や，いわゆる赤ちゃんと呼ばれる乳児期の大脳皮質は未熟であるため，自分の意志で身体を動かすことはできない。この時期の運動は，外部からの刺激に対して脳幹—脊髄性の不随意的な運動が生じる。これは原始反射と呼ばれ無目的なものである。原始反射は左右対称で生じるものであり，睡眠が浅い状態やまどろみなどの不活発な覚醒状態で起こることが多い。

この原始反射は，生命の維持にとって不可欠である乳をのむ行動に関する口唇探索反射や吸啜反射，危険なものから身を守る行動であるモロー反射や瞬目反射，歩行反射などがある（表3−1）。

表3-1　行動と原始反射の主な例（高橋ら，1993を参考に作表）

行　動	反射の種類	内　容
乳を飲む行動	口唇探索反射	口元をつつくと，触った方向に頭を向ける
	吸啜反射	唇に乳首や指が触れると吸おうとする
危険なものから身を守る行動	モロー反射	からだに強い衝撃を与えると，四肢を伸ばし，全身で反応する
	バビンスキー反射	足の裏をくすぐると，足の指が屈曲しないで反対に扇型に広がる。
	ほふく反射	両足をはうようにリズミカルに動かす
	瞬目反射	急速にものが近づいてきたり，光を急にあてると瞼を閉じる
物をつかむ行動	把握反射	手に触れたものをしっかり握る

　これらは，生後1か月前後頃までに多く出現し，2・3か月頃には消失してしまう。その後，次第に随意的に動作できるように神経回路が形成される。運動の発達は，体の上部から下部へ，中心部から末端部にへと進む。手の動作は早いが，足や足指の動きの発達はそれより遅れる。

(3) 乳児期

　乳児期になって原始反射が消失すると，運動機能が著しく発達する。表3-2に示した通り，首のすわり，ねがえり，座位，つかまり立ち，立位，歩行と，様々な姿勢が取れるようになり，随意的な運動ができるようになる。

　生まれてから1年間の変化は著しい。姿勢が変わり様々な動きができるようになると，視野が高くなり行動範囲が広がり，行きたいところに行き，ほしいものに近づいて持つことができるようになる。子どもは自分の意思をもち，主張するようになる。運動機能が発達すると，身体の発達だけでなく，心理的な発達にも影響を与え，また意図や意志が運動機能の発達を促す。

①首のすわり

　3～4か月になると，首のすわりができるようになる。首のすわりは，仰向けに寝かせて両手をもって引き起こしたとき首がついてくることである。首のすわりができるようになると，首を自分で起こして自由に動かすことができて周りを見ることができるようになる。

②ねがえり

　左右どちらからでも仰位から復位に変わることができることをねがえりがで

表3-2 乳幼児の運動機能通過率（%）（厚生労働省，2011）

月・年齢	首のすわり	ねがえり	ひとりすわり	はいはい	つかまり立ち	ひとり歩き
2～3月未満	11.7	1.1				
3～4	63.0	14.4				
4～5	93.8	52.7	0.5	0.9		
5～6	98.7	86.6	7.7	5.5	0.5	
6～7	99.5	95.8	33.6	22.6	9.0	
7～8		99.2	68.1	51.1	33.6	
8～9		98.0	86.3	75.4	57.4	1.0
9～10			96.1	90.0	80.5	4.9
10～11			97.5	93.5	89.6	11.2
11～12			98.1	95.8	91.6	35.8
1年0～1月未満			99.6	96.9	97.3	49.3
1～2				97.2	96.7	71.4
2～3				98.9	99.5	81.1
3～4					99.4	92.6
4～5					99.5	100.0

きたとする。6～7か月になると90％以上の乳児が，ねがえりができるようになり，自分で姿勢を変えることができる。

③座位

座位はおおむね1分以上，支えなしで座ることである。肩や腕を動かすことができるようになる。生後9～10か月未満で90％以上の乳児が可能である。座ることができると視点がこれまでより高くなり，視野が広がる。また，その姿勢で手を伸ばしたりものをつかんだりすることができる。

④はいはい

上体を自由に屈曲したり，ねがえりができるようになると，四つん這いになって移動するようになる。はいはいは，生後9～10か月頃になると90％以上の乳児が可能である。自力で移動ができると，行きたいところに行くことができるようになり，次第に明確な意思を表示し，実行することができる。

⑤つかまり立ち

他者が立たせるのではなく，一人で立つことができることである。生後11～12か月になると，90％の乳児が可能となる。

⑥立位・つかまり歩き・ひとり歩き

　10か月〜15か月頃になると，つかまり歩きを経て一人で歩くようになる。13か月で50％の子どもが，15か月では90％以上が可能である。

3 ── 幼児期の運動発達の特徴

(1) 動作の発達

　「歩く」「ける」のような動作ができるようになる年齢は子どもにより多少異なるが，動作が出現する順序や時期は概ね一定である（表3-3）。

　宮下（1980）は，幼児期を「動作を獲得する時期である」と述べている。例えば1歳以降の移動の動きをみると，靴をはいて数歩歩く段階から，1歳6か月頃には「走る」ことが可能になり，その後は「階段をあがる」「跳ぶ」「ホップする」「ギャロップ」「スキップ」のように動きの種類が増えて様々な種類の移動の動きを獲得する。さらに移動の動きだけでなく，「でんぐり返し」や「ブランコの立ちのり」など様々な種類の動きができるようになると，自らの意思で自在に移動することができて生活範囲が広がる。それまで保護者と一緒に過

表3-3　遠城寺式・乳幼児分析的発達検査表（遠城寺，2009）

年齢（月齢）	動作の内容
1：02	2〜3歩歩く
1：04	靴をはいて歩く
1：06	走る
1：09	ひとりで一段ごとに足をそろえながら階段をあがる
2：00	ボールを前にける
2：03	両足でぴょんぴょん跳ぶ
2：06	足を交互に出して階段をあがる
2：09	立ったままぐるっとまわる
3：00	片足で2〜3秒立つ
3：04	でんぐりがえしをする
3：08	幅とび（両足をそろえて前にとぶ）
4：00	片足で数歩とぶ
4：04	ブランコに立ちのりしてこぐ
4：08	スキップができる

ごす時間がほとんどだった家庭中心の生活から，友だち，保育者と一緒にいる比重が大きくなって活動の幅が広がり，世界が広がっていく。

　生活範囲の拡大につれて，様々な遊びをするようになる。それに伴って様々な動きを経験することによりできる動きが増える。幼児は，すでにもっている身体の機能を使って動こうとし，体の機能を無理なく十分に使うことによってさらに発達が促進される。

(2) 遊びを通しての発達

　幼児期は，教えられて動作を獲得する時期ではなく自ら動きを獲得するため，無理にできない動きにチャレンジする時期ではない。

　遊びは，自ら取り組むため体に過剰な負担がかかることがない。自発的に体を動かし，無理なく発達に相応した基本的な動きを身に付ける。

　身体機能を十分に動かし，基本的な動きを獲得することができるため活動意欲が満たされて幼児の有能感を育んでいく。思った通りに自分の体を動かすことができる有能感が意欲を高め，さらに体を使った遊びに取り組むようになる。

　この時期は，友だちと一緒にイメージを共有して遊ぶことができるようになり，共通の目的に向かって小グループで行動することができるようになる。また，同じ行動をするだけでなく，役割を分担したり交替しながら，協力したり助け合ったりするなど，チームとしての達成を目指した行動をすることができる。例えば，手つなぎオニ遊びでは，自分がオニに捕まらないように逃げることにとどまらず，オニに捕まらないように気をつけながら，捕まった友だちを敵の陣地に助けに行ってタッチし，一緒に逃げるという行動をとる。遊びの中でこのような友だちを意識した利他的な行動がとることができるようになる。

(3) 運動能力の年齢発達

　身体が成長し，様々な機能が発達するに伴って運動能力も発達する。男女ともに走る速さは速くなり（図3-3），遠くまでボールを投げられるようになる（図3-4）。

　しかし，幼児期は個人差や月齢による違いが大きく，同じ年齢クラスに属していても子どもによって成長の度合や運動能力の発達状況が異なる。年少時においてすでに運動能力に差が出現している。25メートル走，ソフトボール投げの両方で，年少時で能力の低かった下位群は年齢が高くなるにつれて伸びが大

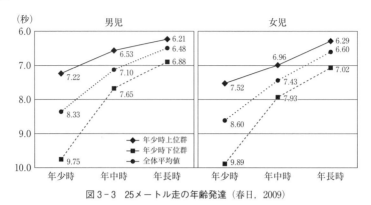

図3-3　25メートル走の年齢発達（春日，2009）

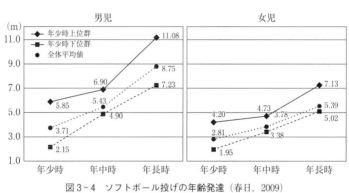

図3-4　ソフトボール投げの年齢発達（春日，2009）

きく，年長時ではその差が小さくなっているもののまだ差がある。これは，身体面の発達の違いだけでなく，認知や社会性等の発達も異なり，同じ年齢クラスでもすべての幼児が遊びのやり方やルールを同じように理解しているわけではないことも影響している可能性がある。

　さらに動きの質も年齢とともに向上することが分かっている。それぞれの動きのパターンを動作得点として子どもの動きを評価したところ，男児女児ともに，年少よりも年中，さらに年長の方が，動作得点が高くなった（図3-5，3-6）。

　また基本的動作のパターンは，近年未発達な水準にあることが中村ら（2011）の調査から見いだされた。2007年の年長時の動作発達得点は，1985年の年少児の結果とほぼ同程度であった。これらの結果から，5歳児の動きパタ

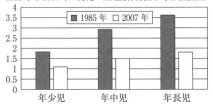

1985 年と 2007 年の男児の疾走動作得点平均（5 点満点）

図 3 - 5　1985年と2007年の男児の疾走動作得点
　　　　平均（5 点満点）（中村ら，2011）

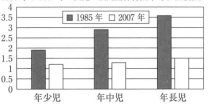

1985 年と 2007 年の女児の疾走動作得点平均（5 点満点）

図 3 - 6　1985年と2007年の女児の疾走動作得点
　　　　平均（5 点満点）（中村ら，2011）

ーンは，30年あまり以前の３歳児の動きのレベルに相当しており，２歳くらい
動きの発達が遅くなっていることがわかってきた。

4 ── 動作発達の方向

　幼児期は，さらに活動が活発になって，運動能力が発達する時期である。

　日常生活，体を使った遊びを繰り返すことによって基本的な動きが未熟な段
階から，初期の習得の段階へと発達する。

　この動作の発達は，様々な種類の動作を獲得する「動きの多様化」と，その
動作がスムーズになり合理的な動きとなる「動きの洗練化」の２つの方向がある。

（1）動きの多様化

　乳幼児の動きの種類は発達に伴って増えるが，どのような動きがあるのだろ
うか。

　子どもが日常生活の中で行う動作は，「体のバランスをとる動き（姿勢制御
運動）」「体を移動する動き（移動運動）」「ものを操作する動き（操作運動）」の
３種類に分類することができる（図3-7）。

　「体のバランスをとる動き」（バランス系）は，「立つ」「座る」「寝転ぶ」「起
きる」「回る」「転がる」「ぶら下がる」のように，姿勢に関わる動きである。特
定の体の状態を保持する動きが含まれる。

　「体を移動する動き」（移動系）は，「歩く」「走る」「跳ぶ」「上る」「降りる」
「よける」「すべる」のように，移動を伴う動きである。上下動作（のぼる・あ
がるなど），水平動作（はう・およぐなど），回転（回避）動作（かわす・かく
れるなど）に分けられる。

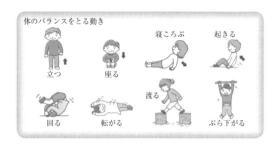

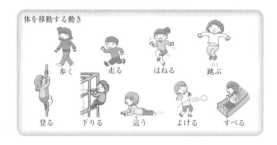

図3-7　幼児期に経験する基本的な動きの例
（幼児期運動指針策定委員会，2013）

　「ものを操作する動き」（操作系）は，「持つ」「運ぶ」「投げる」「転がす」「ける」「摘む」「こぐ」「掘る」「押す」「引く」のように，手や足を用いて，ものを操作する動きである。ここには，荷重動作（かつぐ・ささえるなど），脱荷重動作（おろす・うかべるなど），捕捉動作（つかむ・うけとめるなど），攻撃的動作（たたく・けるなど）など多くの動きが含まれる。ものと体の関係は，動きによって異なり，体全体を用いた動作もあれば，特定の部位のみを動かす動作もある。

(2) 動きの洗練化

動作は，その動きができるようになると完成するわけではなく，さらなる発達がみられる。動作ができるようになって初めの頃は，ぎこちなさがみられる。動きに力みがあり，動きは未熟である。しかし，繰り返していくうちに次第に動きが洗練されて，なめらかで合理的な動きができるようになる。これを洗練化という。

例えば，「投げる」という動作（図3－8）は，はじめは上体も足もほとんど動かず体重の移動はみられず，腕のみが動いて投げる動作である【パターン１】。それが両足は動かないが，腕の振り上げと同時に反対側に体をひねりながら投げる動作【パターン２】を経て，投げる方の腕と同じ側の足を前方へステップしながら投げる動作【パターン３】ができるようになる。さらに，投射する腕と逆側の足のステップがともなう【パターン４】になり，最終的にはパターン４の動作様式に加え，腕を頭の上に振りかぶりながら投げるワインドアップを含む，より大きな動作【パターン５】へと洗練していく。

このように体の一部を動かす動きからいくつかの部分を動かす動作へ，さらにそれぞれの動きの要素が連動してダイナミックに動くようになる。最終的には，体全体を用いてしなやかに動かすことができるようになる。体の使い方が

「投げる動作」の動作発達段階の特徴		動作パターン
パターン１	上体は投射方向へ正対したままで，支持面（足の位置）の変化や体重の移動は見られない	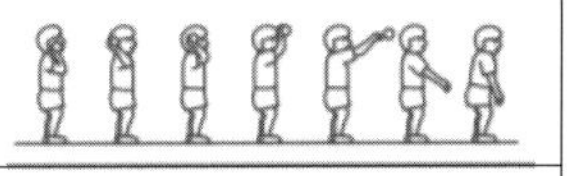
パターン２	両足は動かず，支持面の変化はないが，反対側へひねる動作によって投げる	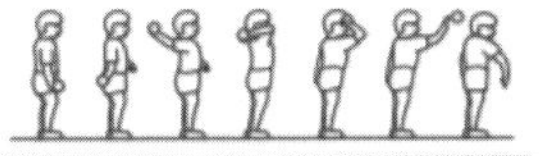
パターン３	投射する腕と同じ側の足の前方へのステップの導入によって，支持面が変化する	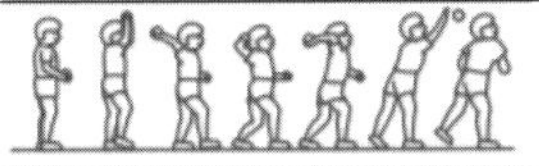
パターン４	投射する腕と逆側の足のステップがともなう	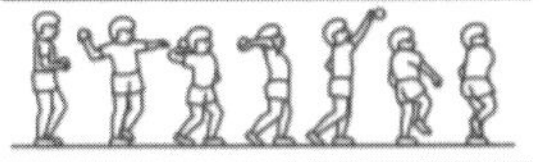
パターン５	パターン４の動作様式に加え、ワインドアップを含む，より大きな動作が見られる	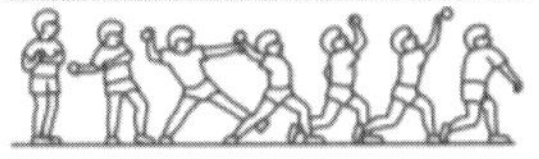

図３－８　「投げる動作」の発達段階と動作パターン（幼児期運動指針策定委員会，2013）

巧みになるとより遠くへ投げることができるようになる。もちろん身長が伸びて手足が長くなり，高い位置から投げることができるなど身体の成長も影響する要因の一つであるが，それに加えて動きが巧みになることよってより運動能力は増加する。

(3) 動作のバリエーション

　日常の中での「歩く」「走る」などの動作は，同じ動作でも様々な強さがあり，動きのバリエーションがある。例えば「跳ぶ」動作は，両足をそろえて跳ぶ，片足で跳ぶ，前に跳ぶ，上に跳ぶ，右に跳ぶなど運動の方向が様々ある。また，同じ動作でも「速く歩く」「ゆっくり跳ぶ」のように，運動の速度や運動強度と呼ばれる動きの強さにも緩急をつけた様々な動き方ができる。

　基本的な動作を習得すると「走ってから跳ぶ」など一つの動作だけでなく，一連の流れの中での動作を行うことができるようになる。

　さらに，「走りながらボールを捕る」「ボールをつきながら走る」など，複数の動作を同時に行う複合的動作が，幼児期後半になると少しずつ可能になる。これらの動きは，それぞれ単独で可能になるだけでなく，目と手の協応のように動作を組み合わせるためのスキルが必要になる。

　また「タッチしてから逃げる」「四つん這いで近づいてジャンケンする」など動きを組み合わせるなど単独の動きから複合的な動きができるようになる。複雑な動きができるようになると，ルールがより複雑な遊びを楽しむようになる。

　例えば，捕まらないようにオニの走っている姿を見ながら走るという行動は，進行方向と視線の方向が異なる。そのため，体を巧みにコントロールして動作をすることが必要になる。はじめは，自分の意図したとおりに動きができず，オニに気を取られて，遊具を避けて停止することができなかったり，走ってくる他の子どもにぶつかったりするなどが起きることもある。これは注意を対象に適切に向けることができなかったり，いくつかの動作を同時に行ったりするスキルをまだもっていないためである。しかし何度も繰り返して経験を積み重ねていくうちに，多様な動きの種類や行動のバリエーションを獲得し，精緻化されていって，複雑な動作や動作を連続してできるようになる。そうして複雑な動きの遊びや難しいルールの遊びに取り組むようになる。

　このように基本的な動作は，「できる」「できない」の２つに簡単に分けられ

るわけではない。遊びや日常生活の経験を通して「体のバランスをとる動き」
「体を移動する動き」「ものを操作する動き」の様々な動作ができるようになり，
その動きが巧みになって遊びの幅が広がっていく。それが多様な運動遊びを楽
しむことにつながる。

(4) 手先の器用さ

　幼児期には，運動能力が増大して様々な動きを獲得し，滑らかな動きができ
るように体を適切に器用に用いて意図した動きをすることができるようになっ
ていく。しかし，知覚的な運動能力は，生得的な要因と環境的な要因に影響を
受けて発達する。多くの子どもは，家庭や園，学校での日常生活の中で身に付
けていくが，実際には手や道具を用いて作業する機会が減少し，不器用な子ど
もが増えているといわれる。

　「不器用」という言葉は，筋力や速度，効率など運動の量的な側面について
いわれることもある。また，動き方が鈍い，ぎこちない，動きが未熟であるな
ど動きの巧みさなどの質的な側面についていうこともある。

　タオルをうまく絞れなかったり，箸をうまく使えなかったりする子どもが多
数存在するといわれるようになって久しい。全身を用いた動きの経験だけでな
く，手指を適切にコントロールして操作することが難しい不器用な子どもは増
加している。

　身体的心理的に不利な条件があるわけではないにもかかわらず，体全体の協
調運動や手指の巧緻性を必要とする動きの習得や遂行に大きな困難を抱える子
どもがいる。不器用な子どもの増加は，生活環境の変化や動機づけの問題であ
り，運動技能を習得する個人の能力の問題ではないと考えられる。そのため，
「器用さ」は練習・訓練と密接な関連がある。適切な環境の下で，手先を使う
操作を必要とする遊びを導入するなどの人的物的環境を工夫することにより，
繰り返し取り組んで，その動きを習得できる可能性がある。

　また，発達性協調運動障害や学習障害，運動覚の障害などにおける運動の機
能障害の子どもも「不器用」であることが多い。このような場合においても不
器用さそのものが問題であるというより，不器用さが子どもの自己評価を低く
するなど心理的側面や社会的な側面にもたらす影響の方が課題であると捉えら
れることが多い。

3 節　運動能力の個人差と環境による影響

1 ── 活発さによる違い

　園や家庭において同じ生活や遊び環境の元であっても，実際には動きが激しい活発な子どもと，あまり積極的に動かない不活発な子どもがいる。

　遊びの種類によって動きの種類や活動量は異なる。自分で選んだ好きな遊びをする場面では，活発な子どもは園庭に出てかけっこやボール遊びに取り組む。一方，不活発な子どもは，室内でままごとやブロックなどの遊びに取り組むことが多いため，子どもによる差は大きく，特に活発さによる違いが大きくなった（図3 - 9）。しかし，みんなでオニごっこなどの活動量の大きい遊びに取り組む場面では個人差はほとんどみられず，全ての子どもの中強度以上の活動時間が長くなった（図3 - 10）。

　もちろん，興味や関心は一人一人同じではなく，好きな遊びも異なる。そのため，それぞれの成長発達や興味関心も考慮して遊びに積極的に取り組むことができる環境を準備することが必要である。その一方で遊びの種類によって活動量に違いがあることも意識して，子どもの活発さに関わらず体を動かす時間を保障することが求められる。

2 ── 活動場面や活動内容による違い

　運動遊びや体を動かす活動は，天気などの影響も受ける。歩数（図3 - 11）や

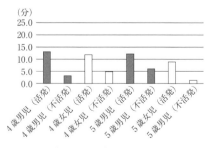

図 3 - 9　室内及び戸外自由遊びの中強度以上の
　　　　活動時間（石沢ら，2017）

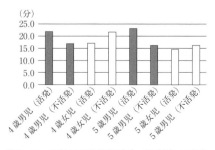

図 3 - 10　戸外での運動遊び（一斉活動）の中強
　　　　度以上の活動時間（石沢ら，2017）

激しい活動である中強度以上の活動時間（図3−12）が異なり，雨の日は晴れた日よりも少なかった。晴れた日は園庭や公園で体を動かす活動をすることが多いが，雨の日には室内で過ごすことが多くなる。雨天では，晴天の日に比べて活動場所や活動内容が制約されるためであると考えられる。

　しかし，晴れた日はすべて歩数が多く活動時間が長いわけではなかった。みんなでボール遊びやオニごっこなどの多様な動きを経験する遊びに取り組んだ日は，そうでない時よりも，歩数，及び，中強度以上の活動時間は長くなった。活動内容によって顕著に活動量は異なることから，様々な遊び活動を行い，歩数や活動時間が長い活動量の大きい遊びも取り入れることが必要である。

　また，園での保育の影響もみられた。保育内容や方法によって経験する動きは異なり，運動発達は大きな影響を受ける。杉原ら（2011）は，保育形態と運動能力の関連を検討した。その結果，安定性の動作，移動動作や操作動作の様々な動きを経験している割合が高いクラスの子どもほど運動能力は高かった。

3 —— ライフスタイルの変化による影響

　社会環境やライフスタイルの変化は著しい。例えば，家庭では和室がなく，椅子に腰かける，ベッドで就寝する。家庭だけでなく駅などの公共の場においても和式トイレが少なくなり，洋式トイレしか経験したことがないことや，街中だけでなく家庭においてもバリアフリー化が進んで段差がなくなり，エスカレータやエレベーターを使う機会が増えている。

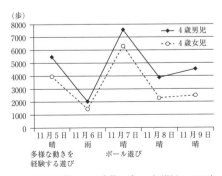

図3−11　天候による歩数の違い（石沢ら，2017）

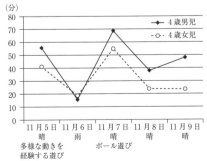

図3−12　天候による中強度以上の活動時間
　　　　　（石沢ら，2017）

　このような生活様式の変化は子どもの運動経験や動作獲得に影響を及ぼしている。2歳児の動きを比較した研究（坂上ら，2017）によると，2004・2005年に比べて2010・2011年では，操作系の動きの種類は少なく，「まわす・ひねる」「つかむ・握る」「つまむ」「はめる・いれる」などの手指の微細な動作が観察されなかった。

　また，全身を使った動きも「かがむ」「しゃがんだ姿勢をとる」「またぐ」など，特に不安定な姿勢での動きができる子どもの割合が少なくなっていた。柔軟性は，関節や筋肉の付き方も影響するとされており個人差が大きいが，足首・手首は動かす機会がないと固くなって可動域が小さいままになってしまう。長期にわたってベビーカーを使用する傾向やボール投げができない公園の増加などの日常生活の環境が，動作の獲得や運動能力の発達に関連すると考えられる。

　テレビを見たりゲームをしたりするなどのメディア利用については，心理的側面や社会的発達が大きな問題として取り上げられているが，身体機能や運動機能の発達の観点からも課題である。一日中家にいると，テレビを見たりゲームをしたりする時間（スクリーンタイム）が増え，「座ったままの姿勢（座位）」でいることが多くなる。これは児童生徒だけでなく乳児や幼児も同様の傾向がみられた。総務省の調査（2015）によると，0歳児の10％，2～3歳児は30％台，4～6歳児は40％台が利用しており，4～5歳児の30％が2時間以上，画面を見ていた。

　世界保健機関（WHO）は，0～4歳の子どもの身体活動やスクリーンタイム，睡眠時間を含めた24時間ガイドラインを策定した（表3-4）。1～4歳の子どもの座位でのスクリーンタイムは1時間未満が望ましく，できるだけ少ないほうがよいとされている。0歳児のスクリーンタイムは望ましくなく，また一度に1時間以上ベビーカーやハイチェアなどに拘束されるべきではないとしている。

表3-4　乳幼児の24時間行動ガイドライン（WHO）（アクティブヘルシーキッズジャパン，2020）

年齢	身体活動	スクリーンタイム	睡眠時間
1歳未満	特に対面型・対話型の床の上での遊びなど，さまざまな方法で1日に数回，身体をしっかりと動かすべきである。身体を動かすのは多いほど良い。まだ動き回れない子の場合，1日の起きている時間全体を通じて30分以上のうつ伏せの時間（タミータイム）を含む。	一度に1時間以上，拘束されるべきでない（乳母車／ベビーカー，ハイチェア，保育者の背中に縛られているなど）。スクリーンタイムは，推奨されない。座位行動の時は，保育者との読書や読み聞かせのような事をするのが推奨される。	昼寝を含む質の良い14-17時間（月齢0-3か月）あるいは12-16時間（月齢4-11か月）の睡眠をとるべきである。
1〜2歳	一日を通じて中高強度活動を含む，あらゆる強度の様々な種類の身体活動を行うべきである。身体活動量は，多いほど良い。	一度に1時間以上，拘束されたり（乳母車／ベビーカー，ハイチェア，保育者の背中に縛られているなど），長期間座るべきではない。1歳児は，スクリーンタイム（テレビやビデオを見る，コンピュータゲームを楽しむなど）は，推奨されない。2歳児は，座位でのスクリーンタイムは，少ない方が良く，1時間以上にならないようにすべきである。座位行動の時は，保育者との読書や読み聞かせのような事をするのが推奨される。	就床および起床時間を一定として，昼寝を含む質の良い11-14時間の睡眠をとるべきである。
3〜4歳	一日を通じて中高強度活動を少なくとも60分行う，少なくとも180分，様々な身体活動を行うべきである。身体活動量は，多いほど良い。	一度に1時間以上，ベビーカー，チャイルドシートなどに拘束されたり，長時間座ったりすべきでない。座位でのスクリーンタイムが良く，1時間以上にならないようにすべきである。座位行動の時は，保育者との読書や読み聞かせのような事をするのが推奨される。	就床および起床時間を一定として，昼寝を含む質の良い10-13時間の睡眠をとるべきである。

4節　運動機能の発達と心理的発達との関連

1——できることとやりたいこと

　幼児が体を動かす遊びなどをして思い切り動くことは，運動能力や体力をつけるだけではない。心の育ちにも影響を及ぼすことがわかってきた。

　杉原ら（1999）は，運動の経験と子どもの自己概念の間に関連があることを見いだした。子どもは「自分はできる」と自己評価して「有能感」をもつことができる。運動や身体を動かす活動は目に見えるために他者にもわかりやすく，

親や保育者，まわりの友だちから「できたね」「すごいね」「得意だね」などと言われるようになる。このように他者から社会的評価を受けることにより，より有能感が増大する。そしてさらに自ら積極的に運動したり，運動が好きになったりするという行動につながり，ますます運動する機会が増える。

　子どもの運動や運動遊びの経験は子どもの有能感や自己効力感，自己肯定感の獲得などの心理的発達と深く関わっており，乳幼児期から体を動かすことは身体的だけでなく，心理的発達や社会的発達を促している。

　しかし保育者や保護者などが「やらせたい遊び」「獲得させたい動き」と考えて提供しても，なかなか取り組まないケースがみられる。時には大人の意図が子どものやる気をそぐこともある。

　子どもは基本的にできないことに取り組むことはあまりなく，できることやできそうなことに取り組む。例えば，1歳児が歌に合わせて踊ることがある。しかし，最初から最後まで全て踊るわけでなく，わかりやすく動きの易しい部分だけをまねて体を動かしている。繰り返し何度も踊っているうちに，踊ることができる部分が増えていく。

　これは大人からみるとできないことができるようになったようにみえる。しかし子ども自身はその動きが「できない」と自覚しているのだろうか？　そうではなく，「ここができる」「これならできる」とできることを意識し，「これをやってみたい」と行動する。その小さな「できる」部分が積み重ねられ，全体を通して「できる」ようになっていく。もちろん，保育者や親は獲得してほしい目標へとつながることを意識して子どもに遊びを提供し，関わっているが，子どもはその目標に沿うために動くわけではない。主体的に，面白い，やってみたい，と思うことに取り組んでいく。そのためには，保育者の意識と環境構成，子どもへの関わり方に十分留意することが必要である。直接的な指導の効果はその場では成功するかもしれないが，限定的であり持続されるとは限らない。

　特に，幼児期後半になると，できる動きの種類がすでに多いことから動作が「できる」ということよりも「やりたい」という意欲をもつことが取り組むかどうかに関わる。

2——意　欲

　文部科学省（2011）が行った研究によると，活発に体を動かすことを「非常
によくする」子どもは「いつもやる気がある」と答えた割合が55.5％であり，
「少ししかしない」子どもの38.8％，「まったくしない子ども」の29.2％よりも
多かった（図3-13）。さらに運動遊びのプログラムを3年間継続して実施した
園（実践園）は，実施しなかった園（協力園）に比べて，「いつもやる気があ
る」（図3-14），「いつも一つのことに集中できる」（図3-15）と保護者が回答
した子どもの割合は前者は一貫して高く，後者は運動遊びに継続して取り組む
うちに集中して物事に取り組む子どもの割合が多くなった。体を活発に動かす
経験は，運動以外の場面においても意欲的に取り組む姿勢や集中力の獲得に影
響を与えるようだ。
　また，組織的な運動遊びプログラムに取り組んだクラスの4・5歳児と，そ
のような活動に取り組まなかったクラスの子どもについて，日常保育活動の遊

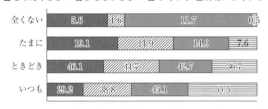

図3-13　体を活発に動かす遊びをする頻度とやる気との関連
（文部科学省，2011を一部改変）

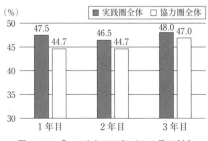

図3-14　「いつも」やる気がある子の割合
（文部科学省，2011を一部改変）

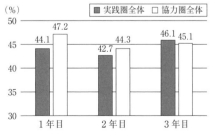

図3-15　「いつも」一つのことに集中できる子の
割合（文部科学省，2011を一部改変）

びや生活場面に取り組む姿勢を各担任が評定して分析した。その結果，運動遊びを行ったクラスの子どもの方が，そうでないクラスの子どもよりも，運動遊びに積極的に取り組むようになった。さらに，ブロック遊びや絵を描くなど知的社会的遊びの場面においても積極的に取り組む姿勢がみられた。身体を動かす遊びに取り組むことにより，身体を動かすことの面白さを自分自身で感じることができ，様々なことに取り組もうとする意欲につながった可能性が考えられる。また運動能力との関連を検討したところ，能力の高い子どもはそうでない子どもに比べて，片づけや当番活動など遊び以外の活動に積極的に取り組む姿勢がみられた。運動能力の高い子どもは，自分の身体をコントロールする有能さを実感しているために，運動遊び場面以外の活動にも意欲的に取り組んだ可能性が考えられる。

3──運動遊びのルール

　年齢が高くなると運動能力の発達に伴って，「バナナオニ」など集団で取り組む遊びが増えてくる。さらに「ドロケイ」のように敵と味方に分れて行ったりするチーム対抗の形式が多くなる。このような遊びは，単に自分の思った通りに身体を動かすだけでは十分ではなく，近づいてくる子どもがオニなのかコなのか，敵なのか味方なのかを，瞬時に見分ける認知的スキルが必要になる。オニや敵の行動を予測して捕まらないように逃げるなどのスキルも必要になる。その上，集団での遊びでは，役割に加えてルールが複雑になる。例えば同じオニごっこ遊びでも，オニに捕まったところで終わりというオニごっこだけでなく，捕まったらオニになるというルールもある。さらに味方のコが助けてくれると復活してまたコとして参加できるというルールの遊びもある。子どもは遊ぶときにそれぞれの遊びのルールを理解した上で，自分の役割とその役割にあった行動を意識し，それに従って実行することが求められる。

　遊びは子どもの認知能力に応じて展開するが，最初は単純なルールの遊びを好んでいた子どもも何度も取り組むうちに，複雑なルールを好むようになり，時には自分たちでルールを作りだし，共有して遊ぶようになる。

4 ——夢中・没頭から挑戦へ

　子どもは遊んでいる最中に，夢中になり没頭して時間を忘れて取り組むことがある。保育の質を測るスケールの一つである「自己評価尺度 SICS（Self-Involvement Scale for Care Setting）」は，子どもが活動に取り組んでいる時にどの程度安心・安定しているかを測る「安心度」と，どれだけ活動に没頭しているかを測る「夢中度」という2つの指標から，その活動に子どもがどの程度夢中・没頭しているかを評定するものである。この尺度では，1（特に低い）から5（特に高い）の5段階で評定する。

　SICS の指標から，動きや動作，運動に関するものをみたところ，下線部分のように子どもの動作や行動の記述が多くみられた（下線は筆者による）。その一部を抜粋する。

　「安心度」の評定1には，以下のような行動を表す項目が含まれている。

- 元気がなく，悲しそうにしていたり，おびえている。パニック状態になっている。
- 怒ったり，暴れたりしている。
- 足をバタバタさせたり，床に寝転がったり，物を投げたり，他人をたたいたりしている。
- 頭を自分でたたいたり，床に倒れたりなどの自傷行為が見られる。

　他方，「夢中度」の評定1（特に低い）は「子どもはほとんど何の活動もしていない」とあり，積極的に動いていない状態である。

- 放心したような状態で，活気がない。

　評定3（中程度）になると，「子どもはいつも忙しそうにしているが，何かに集中しているようには見えない」とあり，動いているが定型的で発展していない状態である。

- 決まり切った行動が多く，活動に表面的な注意しかはらっていない。
- 活動への意欲がそれほど高くなく，熱中することもなく，挑戦的でもない。

　評定5になると，「観察中，子どもは絶えず活動に取り組んでおり，完全に没頭している」とあり，動きが活発で目的的な状態である。

> ・子どもは活動に対して高い意欲を持っており，活動に魅力を感じていて，辛抱強く取り組んでいる。
> ・子どもは絶えず全力を尽くしている。……（後略）

　これらの指標から，子どもの動きや動作がその時の心理状態と関連していることがわかる。また逆に，子どもの気持ちを行動から読み取ることができる。子どもが安心できない時や遊びに没頭できない時には，衝動的で散漫な行動が起こる。しかし子どもが意味のある行動や活動に熱心に取り組んでいる時は，安心している時である。このような状況の下で子どもは遊びに没頭・熱中し，全力を尽くして遊ぶことができるのである。このように子どもの動作・行動と心はつながっていて，互いに影響し合っている。

　しかし，子どもたちが夢中になって体を動かして遊んでいる状態がみられたとしても，長期にわたってその状態がそのまま持続するわけではない。さらに遊びを追求し，工夫して改良したり，新たなことに挑戦してこれまでとは異なる動作をしたり，別のものを組み合わせようと試みたりするなど，これまでよりもさらに面白い遊びを作り出そうとする。

　このような夢中・没頭の状態で遊ぶことができるためには，保育者や園の高い意識が不可欠であるとしている。具体的には，「豊かな環境」「子どもの主体性」「支援の方法」「クラスの雰囲気」「園・クラスの運営」「家庭との連携」の項目のチェックリストにより，評価するようになっている。

　子どもの心と体の発達は，物理的人的な面から豊かな保育環境を構成することが必要である。子どもの発達の状態に合った空間と遊具や道具，それを用いて遊ぶことができる機会の保障，さらに自分たちで遊びを工夫できる環境を用意することによって，子どもの身体機能や運動機能の発達を促進し，心身の育ちを促すことにつながるのである。

研究課題 ─────────────────────────

1．我々の生活様式の変化が幼児の運動発達に及ぼす影響を考えてみよう。
2．あなたが最近1週間で行った動きを図3-7の動きの中から選んでみよう。また，子ども
　が多様な運動を経験するためには，どのような環境を構成すればよいかについて考えて
　みよう。また，他の人と話し合ってみよう。
3．体を動かす遊びや活動の大切さを保護者にどのように説明すればよいか，考えてみよう。

推薦図書 ─────────────────────────

● 『アクティブチャイルド60min.―子どもの身体活動ガイドライン』　日本体育協会（監
　修）　サンライフ企画
● 『幼児期における運動発達と運動遊びの指導―遊びのなかで子どもは育つ』　杉原隆・河
　邉貴子（編著）　ミネルヴァ書房
● 『運動あそびで「からだ力」UP!!』　奈良教育大学附属幼稚園プロジェクトチーム　ひかり
　のくに

Column 3

日本の子ども・青少年の身体活動の状況の評価

　「日本の子供・青少年の身体活動に関する報告2016」は，日本の18歳未満の子どもや青少年の身体活動の状況を国際的に用いられている枠組み（指標）を用いて，Ａ（大部分が該当する：81〜100%）からＦ（僅かが該当する：0〜20%）の５段階で評価した結果である。この指標は『身体活動，健康行動および健康関連指標』と『身体活動および健康の環境要因』に分かれている。

　『健康関連指標』は「日常生活全般の身体活動量」「組織化されたスポーツへの参加」「活動的な遊び」「活動的な移動手段」「座位行動」「体力」「体型」の７項目，『健康の環境要因』は「家族および仲間の影響」「学校」「地域社会と構築環境」「政府戦略と投資」の４項目である。11の指標のうち２つは評価するためのデータや推奨値が示されていないために評価できなかった。

日本の子供・青少年の身体活動に関する指標と評価結果（2016）

	指　　標	評価
1	日常生活全般の身体活動量	INC
2	組織化されたスポーツへの参加	C
3	活動的な遊び	INC
4	活動的な移動手段	B
5	座位行動	C
6	体力	C
7	体型	A
8	家族および仲間の影響	D
9	学校	B
10	地域社会と構築環境	D
11	政府戦略と投資	B

　最もよいＡ評価は，「体型」の１項目だった。肥満度が20%であった5-17歳の子どもは2.24〜11.34%に過ぎなかったが，1980年代より増加していた。大木らの研究（2003）によると，肥満の幼児は「早食い」「間食が不規則」「短い睡眠時間」「早い就寝時間」「長いテレビ視聴時間」「身体活動を避ける」傾向があり，白木らの研究（2005）から，肥満児には「長いテレビ視聴時間」「外遊びの少なさ」「室内遊びの多さ」「父母が肥満」という傾向があることが見いだされた。

　日本で最も低かったＤ評価は，「家族および仲間の影響」「地域社会と構築環境」の２項目だった。家族と一緒に運動やスポーツを「良く行っている」「時々行っている」と答えた割合は４−５歳では72%だったが，小中学生になると７〜36%と激減した。小中学生では家族からの運動・スポーツのすすめがあるほど運動時間が長い子どもの割合が高く，家族の影響が大きかった。

　国際的指標の評価結果から日本の子どもたちの身体運動や環境の傾向をみると，日本の子どもが置かれている状況をさらに意識することができるだろう。

第4章
認知の発達

　以前考えられていたよりも，乳幼児は知的に有能である。生後間もなくから，環境や他者から学ぶ能力を駆使し，世界を大まかに切り分けた上で，世界づくりを開始する。こうした認知・社会的基盤を土台に，他者の支えのもと，自ら能動的に環境と関わることを通して，就学前までには生物世界をはじめ，物理世界，心理世界について，大人と本質的にはさほど相違のない豊かな理解をつくり上げる。園における物理的環境や保育者の支援には，こうした子どもの発達過程を踏まえた教育的意図がふんだんに埋め込まれている。このような園環境のもと，子どもたちは遊びや生活を通して，身の回りの世界についての理解をさらに豊かにし，小学校以降の学習の基礎を築いていく。本章では，以上のような子どもの発達の姿をみていこう。

1 節　ピアジェ理論とその再検討

　認知発達とは，簡単にいえば，身の回りの世界を知ることの発達である。この点について，多くの業績を残したのが発達心理学の巨人ピアジェ（Piaget, J.）である。ピアジェは認知発達についての包括的理論を初めて打ち立て，その後の発達研究の礎を築くこととなったが，修正がなされている点もある。ここでは，ピアジェ理論の中核となる概念を紹介し，その後，再検討がなされた点をみていこう。

1 ──ピアジェ理論

(1) 能動的な子ども

　ピアジェ以前の心理学では，心の発達については，ゲゼル（Gesell, A. L.）に代表されるような成熟説，ワトソン（Watson, J. B.）に代表される環境説によって説明がなされていた。成熟説は発達を遺伝的に決められたタイミングで能力が発現する過程だとする立場，環境説は環境からの働きかけ（例えば親による養育の仕方など）が発達の原動力になるとの立場であったが（Butterworth & Harris, 1994），いずれも子どもを受動的で無力な存在とみなすものである。これに対してピアジェは，子どもを未熟ではあるものの，活動を通して能動的に世界を理解しようとする科学者のような存在（森口，2014）だと捉えていた。「活動的で，構成的。世界についての仮説を構成し，経験を反省し，物理的環境とやりとりし，徐々に複雑な思考を構成していく存在（Bruner & Haste, 1987）」として描いたのである。（こうした子どものわかりやすい具体例は第3節掲載の事例1を参照されたい）。

　発達の主体としての子どもの能動性の重視は，後の発達研究に受け継がれているだけでなく，我が国の幼児教育の理論的基盤ともなっている。大人が子どもに教え込むよりも，子どもの興味を引くような豊かな環境を用意し，環境との関わりを通して学ぶことを支援すること。こうした考え方が，我が国の幼稚園教育の基本である「環境を通して行う教育」「遊びを通しての総合的指導」に反映されているように思われる。

(2) 同化と調節

　ピアジェは，個々の領域（物，生き物，心などの領域）における知識の獲得
や体制化ではなく，様々な領域に対して適用可能な論理構造（これをシェマと
いう）の発達に関心を向けていた（外山，2005）。シェマは，いわば，外界を意
味付け，行動，推論や予測を方向付ける認識枠組みとして働き，子どもが能動
的に環境と繰り返し関わる中で構成され，より高次なシェマへとつくり変えら
れる。このシェマの変革の過程は，外界の情報を自分のシェマに合うように取
り入れる同化と，それらに自分のシェマが合うように変更する調節という2つ
の作用からなる。例えば，「鳥とは飛ぶという属性を備えている」という鳥概
念をもつ子どもが，庭でこれまで見たことのないツバメがいるのを見つけたと
しよう。そのツバメが飛ぶのを見て鳥の一種だと認識したならば，それは同化
である。一方，同じ子どもが，飛ばないペンギンが鳥であると知り，鳥概念そ
のものを変更する時，調節が生じている。

　最近の発達研究は，領域ごとの知識獲得過程に焦点を当てるという点ではピ
アジェとは立場を異にするが，同化と調節を繰り返して高次の認識に至ると考
える点では，ピアジェのアイデアをしっかりと継承している。

(3) 発達段階

　ピアジェはシェマを用いてなされる思考の発達段階として，感覚運動期（誕
生～2歳頃まで），前操作期（2歳頃～7歳頃），具体的操作期（7歳頃～11歳
頃），形式的操作期（11歳頃～）の4段階を想定した（外山，2005）。上述の同
化と調節を繰り返すことで段階を移行するとされる。

　感覚運動期では，触れる，たたく，振るといった身体運動や感覚を通して外
界に働きかける事で，外界について思考する時期である。したがって思考の対
象は目の前にある事物に限定される。例えば，8か月の乳児が遊んでいる玩具
を取り上げて布の下に隠すと，まるでその玩具が存在しないかのように振る舞
う（図4-1）。これをピアジェは「事物は見えなくても存在し続ける」という対
象の永続性の欠如とし，この時期の特徴としている。対象の永続性の獲得は1
歳頃となるが，これは，外界について心の中のイメージとして思い描くことが
できるようになることを意味する。この表象機能がベースとなって，1歳半頃
から事物を別の何かで見立てる象徴機能が現れ，延滞模倣（以前に見聞きした

図4-1　対象の永続性

モデルの動作や発話をモデルがいなくなった後に模倣する行動）や見立て行為
（何かを何かに見立てる行為。例えば，バナナを電話に見立てて，通話してい
るふりをする等）といった象徴遊びが盛んになる。

　前操作期になると，表象機能がいっそう発達し，言葉や心的イメージが外界
についての思考の手段となる。操作とは，頭の中で情報を論理的に処理する過
程のことであるが，「前操作」と名の付くこの時期の幼児の思考は，論理的と
は言い難い特徴を示す。ピアジェはこの時期の幼児の特徴を自己中心性という
言葉で表し，自分と他者の視点を区別することが難しいとした。例えば，ピア
ジェの考案した三つ山課題では，図4-2のような模型を挟んで，自分と異なる
位置にいる他者からの見えを尋ねるが，この時期の幼児は自分の見えを答えて
しまう。この他に，無性物に生命や心を付与してしまうアニミズム，考えたこ
とや夢が実際に存在すると考える実在論，事物は全て人間や神などがつくった
とする人工論も自己中心性の表れとされる。

　さらに，事物の目立つ特徴に注目し，その他の特徴を考慮できない傾向（知
覚的依存性）を示す。例えば，グラスに入っている水の体積を比較判断するた
めには，グラスの高さだけでなく底面積にも注目せねばならない。しかし，こ
の時期の子どもはグラスの高さのみに注目してしまうため，水をより細いグラ
スに移し替えたことで液面が上昇すると，水量が増加すると判断してしまう。

図4-2　三つ山課題

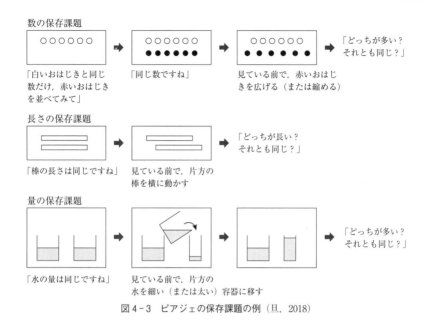

図4-3　ピアジェの保存課題の例（旦，2018）

これは図4-3のようなピアジェの保存課題で示され，数や長さについても同様の現象がみられる。つまりこの時期の子どもは，見かけ上の形や状態が変化しても数量は変わらないという保存概念をもたないのである。

　具体的操作期に入ると，具体的に外界に存在する事物に対しては，論理的に思考できるようになる。例えば上記の保存課題や三つ山課題に通過できるようになる。

　形式的操作期に入ると，具体的な事物だけでなく，記号や数字で示された抽象的事象や，事実に反する事象に対して論理的な思考が可能になる。

2──ピアジェ理論の再検討

(1) 乳幼児の有能性

　以上，ピアジェ理論の中核となる概念を説明したが，その後，批判を受けた点も少なくない。中でも，研究法の問題により，子どもの能力を過小評価していたのではないかとの批判は多い。乳児を対象とした研究では，画期的な実験方法が編み出され，ここ40年くらいの間に，発達早期からの知的有能性を示す

証拠が次々と示された（その具体的な姿については 2 節以降で示す）。

　幼児を対象としたピアジェ課題に対しても批判がなされた。シーガル（Siegal, 1991）は，ピアジェの多くの課題では，質問の仕方が不適切であるため，子どもは間違えるのだと指摘した。例えば，前項で紹介した保存課題では，水を細いグラスに移し替えたり，おはじきの間隔を広くするといった操作の前後で「どっちの方が多い？　それとも同じかな？」と同じ質問を 2 度繰り返す。日常会話においては，同じ質問が繰り返されると，そこから「初めの質問に対する答えは間違っている」というメッセージを読み取り，別の回答を試みるのが普通ではないだろうか。幼児も保存課題での質問の反復をこのように読み取ってしまうため，最初の回答（2 つのグラスの水量は同じ）をわざわざ変え，あたかも保存概念をもたないかのような間違った回答（細長いグラスの方が水量が多い）をするのではないか。シーガル（Siegal, 1991）はこのように主張し，実際に，質問を反復せずに保存課題を行うと正答率が上がることを示した。

　ピアジェ課題は手続の意味も子どもにとってわかりにくい。状況や実験者の意図が伝わりにくいため能力を発揮できないのではないか。ドナルドソン（Donaldson, 1978）はこのことを巧妙な実験で示した。図4 - 3に示した数の保存課題を「いたずらっ子のくまちゃんがいたずらをしたから，おはじきの一方の列の間隔が広がってしまった」という自然な状況につくり変えて実験を行うと，正答率が上がることが示された。

　以上で述べた研究法の進展や工夫により，ピアジェが示した感覚運動期や前操作期の子どもの特徴付けを覆すような証拠が次々と示された。これらは，ピアジェが考えていたよりも乳幼児は知的に有能であること強く示唆する。同時に，質問の仕方や課題状況の設定によって，子どもから引き出せる能力は大きく異なることを教えてくれる。幼児期の子どもが能力を発揮するためには，具体的で有意味な文脈が前提となるのである（外山，2010）。このことは，保育・教育現場をはじめ，司法，医療場面等で子どもと関わる際に忘れてはならないことだろう。

(2) 他者との相互交渉

　ピアジェは子どもと環境間の相互作用を重視したが，他者との社会的相互交渉もまた認知発達に重要な役割を果たすはずだという指摘もある。こうした指

摘の理論的ベースとなったのが，ピアジェと同時代に活躍したもう一人の巨人
ヴィゴツキー（Vygotsky, L. S.）の発達理論である。彼の理論では，考える，
記憶する，注意するなどの人間に固有の高次精神機能は，最初は他者との関わ
りの中で共有された精神間過程として現れ，次に個人内に内面化される精神内
過程として現れるとされる（丸野，2005）。例えば，3歳児が，家族と動物園に
行った時の思い出を保育者に伝えようとする場面を考えてみよう。細かいこと
が思い出せない時，「どうやってそこに行ったのかな？」とか「ライオンは何
を食べていたのかな？」とか，思い出せるように助け舟を出すだろう。この思
い出すという認知機能は，最初は子どもと保育者の間のやりとりの中で実現さ
れている。子どもが一人ではできないことを大人の手助けを受けて共同で達成
しているともいえる。その後，子どもは保育者がかけてくれた言葉を自分自身
に対して語ることができるようになる。その結果，手助けがなくても自分で思
い出せるようになるのだ。

　このようにヴィゴツキーは，発達の一般的法則を他者との相互交渉の中で出
現する認知機能が子どもの内部に取り込まれていく過程と考えたのである。発
達をこのように捉えた時に，教育をどう考えればよいのか。この手がかりにな
るのが発達の最近接領域という概念である（図4-4）。ヴィゴツキーは2つの
発達水準を想定している。単独で到達可能な水準と他者からの援助や共同のも
とで到達可能な潜在的な水準である。そしてこの2つの水準のズレを発達の最
近接領域とよんだ。つまり独力ではできないが，他者の援助や共同により発揮
可能となる認知機能がこの領域に入ることになる。この領域に入る認知機能を

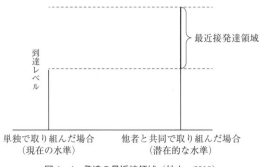

図4-4　発達の最近接領域（外山，2010）

他者の援助や共同のもとに発揮することにより，次第にそれらが単独でできるようになり（単独で到達可能な水準が上がる），同時に潜在的発達水準も引き上げられるという。教育とは，このように最近接領域を見極め，発達を促進する場をつくり出す営みということになる。これを足場かけ（スキャフォールディング）というが，上述の保育者の働きかけはそうした営みの一例である。

　次節からは，ピアジェ以後の新しい発達観のもとでの乳幼児の認知発達の特徴をみていく。

2 節　世界づくりの開始―認知発達の基盤

　乳児は大変頼りなく未熟にみえるが，生後間もなくから環境や他者から学ぶ能力を備えており，他者からの支えのもと，能動的に環境とやりとりする中で世界づくりを始める。本節では世界づくりのための認知・社会的基盤をみていこう。

1――環境から学ぶ能力

　身の回りの世界についての理解や学習に不可欠なもの。その一つが記憶である。記憶によって私たちは自身の経験を蓄積し，学習することが可能になる。一般に，人は3歳以前の個人的エピソードを思い出すことが難しいので，生後しばらくは記憶が働いていないと考えがちである。しかしながら，既に子宮内で記憶は働き始めている。このことは音の記憶において確認されている。

　聴覚は胎児期の早い段階から発達し，妊娠20週を過ぎる頃には大人とほぼ同等の聴力をもつようになる。デキャスパーとスペンス（Decasper & Spense, 1986）は，母親に妊娠期の最後の6週間，決まった文を毎日読み上げてもらい，誕生数日後にそれと同じ文と異なる文を読み上げる母親の音声テープを乳児に聞かせ，その反応に違いがあるかどうかを調べる実験を行った。聞かされる音声テープが以前と同じ文か否かにより乳児は異なる反応を示したことから，子宮内で聴いていた母親の音声を記憶し，生後まで覚えていると考えられる。

　子宮内での音声の記憶は生後の言語習得に密接に関与するものと容易に推測できる。だから特別，記憶が働きやすいのではないか。そういう反論があるかもしれない。しかし，生後間もなくの乳児でも，ごくありふれた視覚情報を記

憶することができる。ブッシュネルら（Bushnell et al., 1984）は，生後3週児と6週児に対して，色や形や大きさの異なる何枚かの単純な図形の絵（赤い三角形や青い十字形など）を2週間にわたって毎日2回15分ずつ乳児に示した。その直後の実験で，乳児は以前示された図形の全ての側面，すなわち色，形，大きさの記憶ができることが示された。より複雑な幾何学的パターンを用いて，5～6か月児に対して行われた実験では（Cornell, 1979），パターンを20秒間見ただけで，2日間にわたって記憶を維持できることが示されている。

　乳児は出来事についても記憶することができる。ペリスら（Perris et al., 1990）の実験では，乳児が生後6か月半時にたった一度だけ経験した出来事（ガラガラと音を立てるビックバードに手を伸ばす，など）を，その2年半後まで記憶でき，行動に反映されることが示されている。

　このように，記憶は早期から働いているが，それは自分自身が体験した思い出として意識に残るような記憶―自伝的記憶―とは異なることを押さえておきたい。自伝的記憶は他の認知・言語機能の発達と連動して，3，4歳以降に成立するものであり，時折マスメディアを騒がせる「胎内記憶」の存在は科学的にはあり得ない。

　乳児に備わった学習能力は記憶だけではない。ごく最近の研究によると，乳児は初歩的な統計処理を行うことができ，身の回りの環境で起こる事象の生起確率を計算し学習を進めるという驚くべき可能性が指摘されている（Gopnik, 2009）。乳児が環境から学ぶ仕組みは私たちの想像を遥かに超えて強力なのである。

2 ―― 他者から学ぶ能力

　発達早期の子どもの学習を支えるのは環境から学ぶ能力だけではない。養育者をはじめとする他者もまた，乳幼児が知識を効率的に獲得する大きな助けとなる。

（1）人への感受性

　生後間もなくから，乳児は人に関する情報―人の顔や音声―に敏感に注意を向けることが知られている。ここでは顔への注目についてみていこう。首もまだ座らない時期でさえ，乳児は一生懸命に養育者の顔を見ようとする。乳児は

一般的には見慣れないものに注目する傾向を強くもつことを考えると，顔への好みは特別といってよいかもしれない。新生児（生後1か月以内の乳児）でさえ人間の顔らしいものを好むことは様々な実験で示されているが，それは目，鼻，口が，ある一定の配置をしているからであるようだ（山口・金沢，2019）。例えば，目鼻口がバラバラに配置された図版ではなく通常の配置を好むという。さらには，生後数日で養育者の顔を覚え，その他の人の顔よりも好んで見るようなのだ。音声でも同様のことがみられ，乳児は母親の音声を他の女性のものより好む傾向がある。

　乳児はまた他者を惹きつける特徴を数多くもつ。例えば微笑。生後間もない乳児でも，うとうととまどろんでいるときに生理的微笑を示すことがある。これは特定の外的刺激によって引き起こされるものでなく，生理的変化の結果として笑っているように見えるだけである。乳児が他者に向けて社会的微笑（図4-5）を示すようになるのは生後2〜3か月頃となる。いずれにせよ乳児の微笑みを見て無視できる人はほとんどいないのではなかろうか。

　生後間もない乳児が示す人への感受性や，人を惹きつける特徴。これらは乳児自身が意図的に示すものではなく，半ば自動化された，あるいは生得的に備わった生物学的なものである。しかし，これらによって私たち大人は，乳児に伝えたい気持ちや意図があるのではと「錯覚」してしまう傾向を強くもつ（遠藤ら，2011）。これが乳児と関わりたい思いや，子育てへの動機付けにつながる。このようにして乳児は，まわりの人とのやりとりの中で学ぶことが可能になる

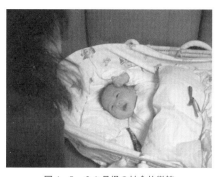

図4-5　3か月児の社会的微笑

のだ。

(2) ナチュラル・ペダゴジー

　小さい子どもに何かを伝えたいとき，無意識のうちに，その子と目を合わせ
たり，声高で抑揚を付けた調子で話しかけたり（対乳児発話またはマザリーズ
とよばれる）することは多いのではないだろうか。これらは，子どもが大人か
ら某かを学ぶ契機となる，ある種のシグナルといえる。近年，注目を集めるナ
チュラル・ペダゴジー理論（Csibra & Gergely, 2009）では，こうしたシグナ
ルを明示シグナルとよび，大人から子どもへと一般的知識を素早く効率的に伝
達可能にする，ヒトに特徴的なコミュニケーションシステム—これをナチュラ
ル・ペダゴジーという—が発生する基盤として重視する（奥村，2020）。

　乳児期の学習における明示シグナルの役割を検討した奥村（2020）によると，
明示シグナルは，情報の送り手が乳児に対して，自分が情報を伝えようとして
いるというコミュニケーションの意図を明確化するサインとなる。乳児はこう
した明示シグナルに高い感受性をもち，素早く発信者の行動に注意を向け，発
信者が伝えようとする情報を知識として学習する準備ができるのだという。こ
れを示す研究例として，生後数日の新生児はアイコンタクトをしている顔を，
そうでない顔よりも長く注視すること，1か月児が対乳児発話を大人向け発話
よりも好んで聴取することがあげられる。さらに，この明示シグナルへの注目
は，乳児の対象への注意や学習を促進したり，学習内容を方向付ける（例えば，
物体の位置などの変わりやすい情報よりも，物体の種類や機能など不変的一般
化可能な情報を優先的に処理するなど）という。

　私たち大人が普段，何気なく子どもに示す明示シグナル。この明示シグナル
は，子どもの注意を惹きつけ，幼い学習者が他者から効率的に一般的知識や技
能を獲得することを可能にする仕組みの1つであるようだ。

3 ——世界の区別

　私たちは様々な種類の現象に囲まれて暮らしているが，それをいくつかの種
類に区別し，ある程度秩序だったものとして理解している。こうした区別は既
に乳児期に認められ，知識獲得を組織的，効率的に行う助けとなる。

　生後すぐに自分の身体をまわりの環境から区別し，「自分の身体の感覚に基

づいた自己」ともいうべき自分を感じていることが示されている。ここではロシャとヘスポス（Rochat & Hespos, 1997）による大変巧妙な実験を紹介しよう。生まれたばかりの乳児は、頬のあたりに何かが触れるとそれを口に含もうとそちらに頭を向け口を開けるルーティング反射（口唇探索反射）（図4-6）を示す。母乳にありつくためにもって生まれる大切な行動様式である。生後24時間の時点で実施した実験結果によると、他者の指で乳児の口角に触れた場合は、乳児自身の指が口角に触れた場合と比較して、3倍も多くルーティング反射がみられたというのである。これは、生まれたばかりの乳児が自分の身体による刺激と外界からの刺激を区別して反応できることを意味する。自分の指で触れた時は、頬が指を感じるとともに指も頬を感じる（ダブルタッチ）。一方、他者の指で触れられた場合は接触の感覚は頬に感じるだけである（シングルタッチ）。乳児は、こうした感覚の違いをもとに、自分の身体とその他を区別できると考えられる。

　さらに乳児は、自らを取り巻く外界について、事物の属する物理的世界と生物の属する生物的世界に区分して認識できる。その際、それらの動き方の違いが手がかりになるようだ。事物と生物の大きな違いの一つは、それが自分で動く力をもっているかどうか―自己推進性―にある。私たちは、生物は自力で動き出すことがあるのに対して、事物は外力によってのみ動き出すと理解している。スペルキら（Spelke et al., 1995）によると、わずか7か月の乳児がこのことを理解しているらしい。人物が自力で動き出したり、別の人物がぶつかって動き出す場面を見せても、乳児は特段驚きをみせない。また台車が積み木に衝突した後、積み木が動き出す場面にも驚きを示さない。しかしながら、この積

図4-6　ルーティング反射

み木がひとりでに動き出す場面を見せられると，驚いて非常に長く注視するというのである。つまり7か月児でも，自己推進性という点で，物理的世界と生物的世界を区別できると考えられる。

　物理的世界と生物世界の相違に関する敏感な感受性はバイオロジカル・モーションの知覚にもみる事ができる。バイオロジカル・モーションとは動物に独特な動き方のことをさす。身体の関節数か所に光点を付けて暗闇で動く映像を見ただけで，私たちはそれを人間などの動物の動きだと知覚できる。こうした動きに対しては3か月児も敏感に反応し，他のランダムな光点の動きとは区別し，より好んで注視することが示されている（Bertenthal et al., 1985）。

　このように人間は非常に早期から，環境や他者から学ぶ能力を駆使し，世界を大まかに切り分けた上で，世界づくりを開始する。こうした認知・社会的基盤を土台に，就学前までには，一定の領域について，大人と本質的にはさほど相違のない豊かな理解をつくり上げる。次節では幼児期の世界づくりの展開をみていこう。

3 節　世界づくりの展開—身の回りの世界についての理解の構成

1 ── 領域固有の発達と素朴理論

　第1節では，ピアジェ理論の方法論に対する批判を紹介したが，より重要な論点は，子どもの認識の発達を領域固有のものとみるか，領域一般のものとみるかという点にあった。既に第1節でも触れたが，ピアジェは，種々の内容から独立した領域一般の認知構造（シェマ）が存在し，この認知構造が段階的に移行していくものとして認知発達を想定した。これに対して最近の認知発達研究では，認知が内容ごとに区切られており，それぞれが独自の特徴や構造をもつという領域固有性が強調されている（稲垣，2002）。

　こうした中，知識領域ごとの子どもの理解について多くの研究が行われ，幼児でも日常生活の中で経験する事象について，その働きを説明，予測するための「理論」とよべるような知識のまとまりを構成すると考えられている。ではどの領域の知識が「理論」とよべるのか。ウェルマン（Wellman, 1990）は，理

論とみなせる要件として次の3つをあげている。第一に知識の首尾一貫性，つまり個々の知識が矛盾なく関連づけられていること，第二に存在論的区別，つまりその理論が扱うべき事柄を特定化できること，第三に領域内の現象を説明したり，理解したり，予測できる因果的説明の枠組みをもつことである。こうした基準に照らし，物理現象についての理論と心についての理論は人生のかなり早期に，生物現象についての理論も就学前までには獲得されるとされている（Wellman & Gelman, 1998）。これらが早期に獲得されるのは，人間の生存にとって重要だからと考えられる。ただし，子どものもつ「理論」は科学理論とは異なり，意識的で組織的な仮説検証，理論構築，精緻化というプロセスを経て獲得されるわけではなく，あくまでも日常経験の範囲内で構成する素朴な知識体系であることから「素朴理論」とよばれる。

　以下では物理現象についての素朴理論（素朴物理学），生物現象についての素朴理論（素朴生物学）についてみていこう（心理現象についての素朴理論は6章を参照されたい）。

2 —— 素朴物理学

　第1節で述べたように，物の世界を理解する上で最も基本的な原則である対象の永続性でさえ，1歳頃にならないと獲得は難しいとピアジェは主張した。ところが研究方法の進展により，物の世界についての乳児の理解も，以前考えられていたよりも，早期に獲得されることがわかってきた。

(1) 乳児の素朴物理学

　生後1年以内には，物の性質や振る舞いを支配する基本的な法則を理解できることが示されている。わかりやすくするために，まずは手品について考えてみよう。私たち大人が手品に驚き，楽しめるのは，正しいと確信している様々な物理法則に違反する現象をみせてくれるからである。例えば，コインに布をかけ，しばらくしてから布を取るとコインが消えて無くなるという手品。これに私たちが驚くのは，「物は視界から消えても存在し続ける」という物理法則—対象の永続性—に違反する事態だからである。あるいは，箱の中に閉じ込められていたウサギが別の場所の帽子から現れるという手品。これは「物は時空間を飛び越えずに連続した経路を通って移動するはず」「1つの物体が別の物

体をすり抜けることはない」という連続性の法則に違反する。この他にも，手品師が杖を振るのに合わせて離れた場所にある箱が動くという手品は「離れている物同士は作用しない」という接触の法則に違反し，虹色のハンカチを空の帽子に入れてかき混ぜてから引っ張り出すと 7 枚の異なる色の布にわかれるという手品は「物はかたまりとしてまとまっている」という凝集性の法則に違反する。さらに，人が宙に浮くという手品は「支えがなければ物体は下に移動する」という重力法則に違反する。私たちはこれらの基本的物理法則の正しさを確信しているからこそ，それが違反される手品を不思議だと感じ，楽しめるのである。

　以上であげたのは，物の状態や動きについての基本的物理法則である。これまでの研究成果によると，対象の永続性は生後 3 〜 5 か月から 6 か月の間（Baillargeon, 1987），連続性，接触，凝集性の 3 法則は概ね 0 歳台前半までに獲得される（旦，2007）ようである。重力法則の獲得時期については研究間で食い違いがあるが（Baillargeon et al., 1995; Spelke, 1991），いずれにせよ 0 歳台に獲得されるようだ。

(2) 物理についての誤概念

　乳児期に獲得される基本的物理法則を土台にして，子どもは物理世界の理解を構成する。その多くは日常の物理現象の説明には十分役立つが，不十分な理解にとどまるものもある。例えば子どもも大人も「物は真っすぐ下に落ちる」という法則（真下落下ルールとよぶ）に縛られる傾向がある。フッド（Hood, (1995) は図4 - 7のようなチューブ課題を考案し，ボールを 3 つの入り口のどれかに落とすところを 2 〜 4 歳の子どもに示し，どの出口からボールが出てくるかを予想させた。その結果，2，3 歳児は，ボールを離したチューブの入り口の真下の出口を探す間違いを多く示したという。

　物理学を受講済みの大学生でも，ボールを片手でもって一定の速度で歩行しながら，ある地点でボールをそっと放すと，手を放した地点の真下に落ちると答える場合が多い（正答は手を放した地点より前に落ちる）（McCloskey et al., 1983）。こうした例から，真下落下ルールについての大人の誤った概念の起源は乳幼児期にあるのではないかとの指摘がある（Hood, 1995）。誤った概念の形成過程を明らかにすることは，小学校以降の科学的概念獲得を促す教育を考える上で，重要な手がかりとなるだろう（この点は最終節で再び論じる）。

図 4-7 チューブ課題（中島，2013より改変）

3 ── 生き物についての理解（素朴生物学）

素朴生物学は 6 歳くらいまでには獲得されると考えられる。なぜそういえるのか。このことをいくつかの研究例からみていこう。

(1) 生物概念

「テーブルが痛いと言っているよ」「太陽は優しいからみんなのことを温めるんだよ」このように，幼児は，しばしば無生物に生物の属性を付与し，まるで生物のように扱うことがある。こうした幼児の姿をみると，生物と無生物を区別できないのではないかと考えたくなる。ピアジェはこうした現象をアニミズムとよび，幼児の知的未熟さの現れと考えた。

しかし前節では，乳児でさえも自己推進性という点で，動物と無生物を区別していることをみてきた。さらに，就学前までには，そうした区別にとどまらず，自力で動かない植物についても，動物との共通性に気づき，これらを 1 つのカテゴリーに入れ，無生物と区別できることも示されている。例えば，5 歳までには，犬やひまわりなどの動植物は，成長によって時間の経過とともに身体サイズが大きくなるのに対して，カップなどの人工物はそうではないことを理解している（Inagaki & Hatano, 1996）。また 4 歳頃には，動植物であれば，身体の傷や損傷の自然治癒・再生がみられる（例えば，枝が折れても自然にまた生えてくる，など）のに対し，人工物は修理などの人為的介入がないと元通

りにならないことを理解するという（Backscheider et al., 1993）。

　以上を踏まえると，幼児期後期には無生物から分化し，動植物を含む生物概念をつくり始めている可能性は高い。アニミズム現象は子どもにおいて頻繁にみられるのは確かだが，それは必ずしも彼らの未熟さを示すものではない。無生物に生命を感じることは，大人においてもしばしばみられるものであり，人間の生存に関わる適応的機能があるのではないか。こうした観点からのアニミズム再考は外山（2020）に詳しい。

(2) 身体と心の区別

　人間は心をもつと同時に，身体をもつ生物的存在である。ピアジェは幼児期の特徴として実在論をあげ，幼児は心の世界と身体のように物理的に存在する世界を区別できないとした。しかし近年の素朴生物学研究では，就学前の子どもでも，いくつかの重要な点で心身を区別していることが示されている。例えば，4歳児でも「本人の意図」という心的機能によって心臓の鼓動や呼吸といった「内的身体過程」をコントロールできないと理解している（Inagaki & Hatano, 1993）。また，4，5歳児ともに，記憶力や性格特性といった心的属性の変更は心的努力や意思により可能なのに対して，走る速さなどの身体的特徴の場合はこれとは異なる方法，例えば身体的練習や食物摂取が必要なことを理解している（Inagaki & Hatano, 1993）。さらに，幼児は総じて身体的特徴よりも心理的特徴の変容可能性を高く見積もることも確認されている（Lockhart et al., 2002）。このほかに，幼児でも身体疾患の発症には心理要因は関与しないこと，身体属性は心的属性よりも遺伝しやすいとの理解を有するとの報告がある（外山，2020）。

(3) 生物現象に固有の説明原理：生気論

　幼児は生物現象を物や心といった他の現象と区別できるだけではない。生物現象に対しては，他の現象に対するのとは異なる仕方で，幼児なりに一貫した説明や予測を行うことが可能である。

　稲垣と波多野（Inagaki & Hatano, 2002）は，幼児は生気論的因果を用いて身近な身体現象の説明や予測を行うと主張している。生気論的因果とは，食物や水などから取り入れた活力の働きによって身体現象が引き起こされるとの考え方で，そのプロセスは本人の意図とは関わりなく進行するという説明原理で

ある。例えば，摂食やそれに関連する身体現象であれば，多くの6歳児が生気論的な説明（「あんまりご飯を食べないと力が出ないで風邪にかかりやすい」「毎日ご飯をたくさん食べていれば長生きできる」など）を行うことが報告されている。

(4) 擬人化による推論

　幼児は，身の回りの生き物について考える際に，人間になぞらえることがよくある。例えば，ある幼児が，「お花も人間と同じだね，何も食べないとお腹がすいて倒れちゃいそうになるし，いっぱい食べ過ぎても気持ち悪くなっちゃうんだね」と発言したとの報告がある。これは，人間以外のものに人間の特徴を拡張して適用するという擬人化の例である（アニミズムも一種の擬人化である）。擬人化は幼児の未熟性を示すものではない。人間についての豊富な知識をうまく使って，あまりよく知らない生き物に対する理解をつくり上げようとする能動的で適応的な認知活動を反映しているのではないか。このような主張をしたのが，稲垣と波多野（Inagaki & Hatano, 2002）である。私たちは，あまりよく知らない領域の物事について考えるとき，それと関連の深い馴染みの知識を援用して考えようとする。幼児の擬人化もそれと同じで，きわめて当たり前な知的営みの表れだというのである。

　ここで重要なのは，幼児は無差別に擬人化をするのではないことである。ある研究（Inagaki & Hatano, 1991）では，6歳児に対して「ある人が買い物の途中で立ち寄った店にバッタの入ったカゴを置き忘れてそのまま出て行こうとしているとき，バッタはどうするか」という質問をしたところ，擬人化を使った予測はほとんどみられなかったという。例えば次のような回答がみられた。「バッタはね，カゴを開けられないから，誰かに拾っていかれちゃうの。（実験者：もし誰かが拾って行かなかったらバッタはどうするかしら？）そのまま。（実験者：どうしてバッタはそのまま何もしないの？）人間と違って（カゴの外に出て）歩けないから」

　このように，幼児は擬人化による推論の結果（人間の場合はカゴを開けて歩いて追いかける）を，既にその生物についてもつ知識（バッタはカゴを開けることができない）と照らし合わせて吟味した上でもっともらしい推論を行うことができる。こうした柔軟な擬人化の使用により，子どもは生き物についての

知識を拡張することができるのである。

　以上みてきたように，物理世界，生物世界などの一定の領域について，就学前までに，科学的とはいえないまでも，彼らなりに一貫した理論ともよべる理解を構成する。こうした理解は遊びや生活の中で豊かになっていくものである。次節ではそれを促す園環境における子どもの発達の姿をみていこう。

4 節　園生活と認知発達

　園における物理的環境や保育者の支援には，子どもの発達過程を踏まえた教育的意図がふんだんに埋め込まれている。このような園環境のもと，子どもは他者や環境と能動的・主体的に関わることを通して，身の回りの世界の理解を豊かにし，小学校以降の学習の基礎を築いていく。ここでは園での子どもの発達の姿を示し，さらにそれをどのように小学校以降に橋渡しするかについて考えよう。

1 ── 遊びの中での発達

　幼児教育では，自発的活動としての遊びを発達の基礎を培う重要な学習と捉え，「遊びを中心とした指導」を中核に据えている（文部科学省，2018）。しかし一般的には，遊びは学習の対極と捉えられることが多い。ここではまず，幼児は遊びの過程で認知発達につながる経験をしている様子をみておこう。

　下記の事例1をみてほしい。これは3歳児S男が一人で遊ぶ様子を記述したものである。まるで科学者にように思考を働かせ，ヤマモモの実やそのつぶし方について，S男なりの気づきを得ている。下線部（1）から，仮説を生成し，実験によって仮説を検証し，そこから結論を得るという一連の思考過程が読み取れる。これは初歩的な仮説検証的思考である。下線部（2）から，得られた結論を別の場面で応用してみるという類推的思考の萌芽を読み取ることもできよう。どちらも科学的思考の中核として重要なものである。

事例1　ヤマモモのジュースづくり

　園舎の横にあるヤマモモの木の下に実がたくさん落ちている。3歳児のS男が石で実をつぶしてジュースづくりを始める。(1)しかし，不安定な石の上に小

> さなヤマモモの実をおいて手で押さえ，それを別の石でつぶすことは，なかなか難しい。いろいろな石を拾ってきては試す中で，S男はできるだけ平らで大きめの石を台にしたほうがよいことに気づき，(2)足洗い場のコンクリート枠の上でも試してみた。
>
> （青木，2015）

　このように子どもは，遊びの中で，思考の発達や，知識獲得につながる活動をしていることがうかがえる。それでは「遊びを中心とした指導」とはどのようなものだろうか。自発的な活動としての遊びと指導の関係をどう考えればよいだろうか。

　近年，海外の認知発達研究では，大人から子どもに何かを教え込むのではなく，子ども中心の遊びを取り入れた教育方法こそが，幼児期やその後の知的な発達を促進することが示されている（Weisberg et al., 2013）。しかしこれは，単に子どもを自由に遊ばせておけば何らかの発達促進的意義が得られることを意味するわけではない。ウェイスバーグ（Weisberg et al., 2013）はガイドされた遊び（guided play）という概念のもと，このことを説明している。ガイドされた遊びとは大人による直接指導と自由遊びの中間に位置し，その両方の要素を含む遊びの指導法である。大人が遊びの文脈を開始するが，その文脈における学びのプロセスの方向付けは子ども自身に委ねられる。ここでの保育者の役割は，子どもの探索や学びを促し，ともに遊び，子どもが発見しつつあることについてオープンエンドな質問をしたり，子どもが思い付かない素材を用意するなど，発達の足場の提供である。このような特徴をもつガイドされた遊びは，直接教示や子どもだけの自由遊びと比較すると，幼児の語彙や，数学・空間的スキルといった認知面だけでなく，社会情動的スキル，創造性の発達に寄与する可能性が示唆されている。

　こうしたガイドされた遊びの特徴は，幼児の主体性と教師の意図がバランスよく絡み合うことで保育を展開する日本の幼児教育と共通点があるように思われる。ただし，国内の幼児教育研究者からは慎重な受け止めや評価も示されている。例えば河邉（2013）は，ガイドされた遊びを子どもの能動性を尊重するという点で評価しながらも，「保育者が学びの目標や文脈を開始する」という点に対しては，「学びのイニシアチブはあくまでも子どもの側にあるのではないか」「子どもの何を学ぼうとしているかを理解することから必要な大人の配

慮を考えるべきではないか」と慎重な見解を示している。さらに秋田（2013）は，ガイドされた遊びを「自由遊びや発見的学びの要素と，意図的な教授の要素」の両方を含むものとして意義付けながらも，子どもが遊びたい遊びをする中で，何がその子の「学びの対象」として重要であるかを，子どもの学びの多様性を自覚しながら保育者が見定めることの重要性を指摘している。

　遊びをどう支援すればよいか，海外での実証研究の結果を鵜呑みにするのではなく，これまでの日本の保育研究の成果あるいは日々の保育経験に基づいて慎重に検討を進める必要があるだろう。

　さて，本節冒頭で紹介した事例1は，S男が一人で考えたり気付いたりしている様子を描写したものだった。しかし実は，このようなS男の姿がみられた背景には事例2で示すような丁寧な保育者の足場かけがあったのである。S男の願いや想いを探ったり引き出しながら遊びに誘う支援がうかがえる。S男はまるで科学者のように環境に関わって遊んでいたが，それは決して一人きりで完結する孤独な営みではなかったのである。

事例2　何にも気持ちが向かない

　その日の朝，3歳児クラスの子どもたちは皆，それぞれにやりたいことを見つけ，園庭や遊戯室，テラスなどで遊んでいた。保育室の中にはS男が一人，どこかなげやりな様子で箱積み木にもたれて座っていた。A先生はS男に並んで座ってみた。A先生は，ただ静かに，S男に並んで座っていた。時間とともに，A先生はS男と自分の空気が少しずつ混じり合い，S男のささくれだっていた気持ちが鎮まっていくのを感じていた。A先生とS男が座っているところからはテラスの向こうの花壇が見えた。何か実がなっているようだった。「ん？　何かなってる！　何かなってるよ！」とA先生が少し興奮気味に言った。S男はちらっと見て，しかしわざと関心のないような素振りをして，そして床に寝転んだ。A先生が見に行ってみると，それはキュウリだった。「キュウリだったよ，キュウリ，キュウリ。わはは」とA先生はS男をくすぐりながら喜んだ。A先生はS男の気持ちが少し和んだように感じた。S男と花壇との間を行き来しているうちに，S男は少しづつ気持ちを立て直して，「ナスビもあるよ」とA先生に言った。「どこどこ？」と言うA先生に，S男は立ち上がり，A先生を花壇のナスビのところに連れて行った。

　そんなふうにして，A先生とS男は一緒に幼稚園の中を探検することになり，園舎の横に来たとき，ヤマモモの実がたくさん落ちていたのである。A先生が「ヤマモモのジュースつくろうか！」と言うと，S男が「どうやって？」とA先生を見上げて聞いた。A先生は「うーん，どうしたらいいかなあ」と一瞬だけ

考えて，Ｓ男の興味が消えないうちにと「石でつぶす？」と言った。Ａ先生は，足下にあった石を拾ってＳ男と一緒にヤマモモの実をつぶしてみた。きれいなピンク色の汁が出た。

(青木，2015)

2──生活の中での発達

　当初は，学ぼうという意図がそれほど強くなかったものの，生活上の必要に駆られて課題を解決する中で，自然に知識や技能が身に付いた経験は誰しもあるに違いない。幼児においても，これは同じである。第1節でも述べたように，幼児は具体的で意味のある活動の中でこそ有能性を発揮し，理解を深めることができる。これらを飼育や栽培の事例からみていこう。

(1) 飼育活動と動物理解

　園での飼育活動は動物についての幼児の理解を促進する可能性が報告されている。しかし飼育経験をすれば，必ず効果が得られるわけではなく，保育者の指示や時間的制約の有無，子どもの自発性に任されているかどうか，などが効果の相違を生み出す可能性が高い。外山ら（Toyama et al., 1997）は，飼育活動を当番制ではなく子どもの自発性に任せて行っている園で，動物飼育手続きについての6歳児の理解を検討している。調査対象となった園では，アヒルやウサギへのエサやりや小屋の掃除を，やりたい子どもが自由遊びの時間に行っていた。保育者が飼育法を教えることはせず，代々子どもたちの間で引き継いでいる飼育カードを読んで手順を把握していた。このような飼育活動に日頃からよく参加する子どもとそうでない子どもを抽出し，飼育手順とその意味について質問を行った（例えば，「アヒルには人参を小さく切って与えなければならないのはなぜか」など）。その結果，前者の方が後者よりもその手順の生物学的意味をよく知っていた。例えば，人参を小さく切って与えるのは，「アヒルは丸ごとの人参が嫌いだから」ではなく「アヒルには歯がないので丸ごとの人参を食べることができない」からであること，などである。これと同様の飼育効果は，家庭での動物飼育においても確認されている（Inagaki, 1990）。

　一方で，飼育が当番制で，教師によって決められた手順，決まった時間内で行うように指導されていた園では，飼育経験の効果が認められていない（並

図4-8　モルモットにエサをやる（新潟大学附属幼稚園　5歳児）

木・稲垣，1984）。単に飼育活動をこなすのではなく，手続きの意味をじっくり考えたり，自分自身や自分の生活経験に当てはめながら（一種の擬人化である）飼育をすること。そのための時間がたっぷりあり，試行錯誤が許されること。子どもたち自身が手順の意味をつくり出し，確かめながら行う飼育活動が，生き物の理解を深めることにつながると考えられる。

(2) 栽培活動と植物理解

　園での作物栽培の実践が植物の生命認識や栽培手続きについての生物学的理解を変化させることが報告されている（外山，2009）。しかし，そこでの理解の仕方は，どのような目的のもとで何を栽培してきたのか，栽培活動の文脈に強く依存するようである。外山（2009）が調査対象とした園では，自分たちが栽培した作物を給食や行事において調理・加工して食べる活動を日常的に行っていた。対象園と栽培活動をあまりしない通常園の年長児を比較したところ，対象園の子どもたちは，栽培経験のあるキュウリを生物学的理由（成長や水の吸収）に基づき「生きている」と判断しやすいこと，おいしい食用野菜をつくるための栽培手続き（水やりや種まきなど）をより多く知っていることなどが示された。とりわけ対象園の子どもたちは，「食べられるものをつくる」という，彼らのよく知る文脈におかれると，過去の栽培経験を引き合いに生物学的によりよい推論を生み出す点が特徴的であった。例えば，植物に「水をやり過ぎたらどうなるか」について推論させると，彼らにとって馴染みのある食用作物栽培の文脈（おいしいパイナップルをつくる）の方が，観賞用植物栽培（きれい

なヒマワリを咲かせる）の文脈よりも，通常園との相違が顕著であり，正しい予測（成長の阻害，花や実への悪影響）や栽培経験に言及する者が多かったという。

　日頃から「おいしい食べ物をつくる」ことを最終目標として栽培活動を行ってきた対象園。この園の子どもにとって，作物の成長過程は「『とって食べる』ことに近づくプロセス」であり，栽培手続きは，「自分たちの食物を得るための重要なステップ」であった。子どもたちは「おいしい食べ物をつくる」という目標を中心に植物理解を構造化し，その目標が明確な文脈においては，もっともらしい生物学的推論を生み出すことができるのだと考えられる。

3 ── 幼児期から児童期へ：日常的概念から科学的概念へ

　小学校に入学すると，日常経験の範囲内では獲得することの難しい科学的概念の習得が徐々に求められるようになる。ここまでにみてきた乳幼児の姿に基づくと，子どもは，教科で扱われる事柄について全く白紙の状態で学習に挑むのではない。乳幼児期を通して，日常生活の有意味な文脈の中で学習内容に関連する事柄を学び，ある程度，まとまりのある日常的概念としてもっている場合は少なくない。前節で示したように，就学前までにはいくつかの領域の素朴理論が成立するが，それが子どもの日常的概念形成のベースとなっている。

　日常的概念は科学的概念と矛盾する場合は少なくない。前節で示した真下落下ルールもそうである。科学的には誤りだとしても，日常生活を送る上では十分に役立ち，納得感も高い。こうしたことから日常的概念は容易に変更し難く，たとえ学校の授業で「これが正しい」として科学的概念を教えても，それだけでは根本的な変化は起きない場合が多い。科学教育を受けたはずの大半の大人が真下落下ルールを保持していることもこれに当てはまる。

　それでは教育という観点からはどういう配慮が必要だろうか。何よりも大事なのは，子どもたちの形成する日常的概念を尊重し，そこを出発点として，その連続として科学的概念の学習を考えることだろう。日常的概念は，たとえ科学的には誤りだとしても，子どもの能動的で構成的な認知活動を反映している。乳幼児期も含め，これまでの生活の中で，どういった素朴理論や日常的概念を形成したのかをしっかり把握し，有効な部分を認め，それを学習に使用できる

ように方向付けることが大切だろう。実際に，日常的概念をうまく利用することで，科学的概念の理解を促進できる側面がある。例えば，幼児が頻繁に示す擬人化。ここまでにみてきたように，擬人化は生き物の理解に役立つ場合が多い。もちろん，擬人化に代表されるような人間中心の生物概念は必ずしも科学的とはいえず，限界があるわけだが，子どもの示す擬人化を尊重しながら，その限界を補う配慮を考えるのが望ましいとの指摘がある（Inagaki & Hatano, 2002）。その上で，子ども自身が日常的概念の限界に気づき，変更の必要性を感じるようにすること，これが不可欠となるだろう。

　乳幼児期を通して子どもたちが豊かにつくり上げてきた理解。小学校以降，子ども自身が十分にそれらを活かして学習を進めながら，その限界について子ども自身が気づき，さらなる理解を深めていくこと。小学校入学以降，そのような機会を十分に確保できるとしたら，幼児期からの連続的な認知発達を推し進めることができるだろう。

 研究課題

　以下，いずれも各自で，あるいはグループで観察し，子どもや保育者（大人）の言葉や表情，動きを根拠として互いの意見を話し合ってみよう。

1. 生き物を飼育したり，生き物についての本を読んでいる子ども，手洗い，うがい，歯磨き，身体検査など健康維持に関わる活動に参加している子どもなどを観察・記録し，生き物や身体について，幼児がどのようなことに気づき，思考を巡らせているかを考えてみよう。
2. 積み木遊びや，砂遊びなど，物との関わりを含む遊びをしている子どもを観察・記録し，物の性質について，幼児がどのようなことに気づき，思考を巡らせているかを考えてみよう。
3. 生き物や物の性質についての理解を促すような保育者の関わりや，環境設定を記録し，考えてみよう。

推薦図書

● 『哲学する赤ちゃん』　ゴプニック　亜紀書房
● 『おさなごころを科学する―進化する幼児観』　森口佑介　新曜社
● 『乳幼児は世界をどう理解しているか―実験で読みとく赤ちゃんと幼児の心』　外山紀子・中島伸子　新曜社

Column 4

幼児の選択的信頼

　子どもたちが学ぶことは，実体験できることばかりではない。他者が伝える情報からしか知り得ない事柄も数多くある（むしろそちらの方が多いかもしれない）。例えば，地球が丸いといった科学的概念，神などの宗教的概念はそうである。物の名称の学習もそうで，いくら事物と関わる体験を積み重ねてもその名称はわからない。他者が伝える情報をもとに学習する際，相手の情報源としての信頼性を判断することはとても重要である。相手は常に正確な情報を伝えるとは限らないからである。間違えることもあるし，嘘をつくこともある。

　近年の認知発達研究では，就学前の子どもでも，いくつかの点で情報源としての他者の信頼性を判断し，選択できることが示されている。これを選択的信頼といい，ここ10年で非常に多くの実証研究がなされ，最も注目を浴びる研究分野の一つである。

　外山（2017）は情報提供者の信頼性判断に使われる属性を認識論的属性（情報の正確さ，情報提供者の確信度，専門性）と非認識論的属性（年齢，馴染みの程度，話し言葉の特徴，身体的魅力，社会的属性）に分け，これまでの知見を整理している。それによると概ね3，4歳になると認識論的属性に基づいて，情報提供者に対する信頼性を合理的に判断できることがわかっている。例えば，見たことのない事物の名称を学習する際に，過去に繰り返し不正確な命名を行う者よりも，正確な命名を行う者が教える名称を正しいとして選ぶ傾向が示された。一方幼児は，本来，合理的判断にはつながらない非認識論的属性をも信頼性判断の手がかりにする傾向がみられる。とはいえ，5歳ぐらいになると，これらの属性よりも認識論的属性を優先して判断するようになる（ただし，身体的魅力，社会的属性の一部では5歳を過ぎる）。

　こうした知見は，子どもはだまされやすく，信じやすいといった伝統的子ども観に異議を唱えるものである。もちろん子どもの発達は大人からの働きかけに影響を受ける。しかし，子どもはそれを一方向的に受ける受動的な存在ではなく，同時に，自ら能動的に情報を取捨選択し知識として取り入れるのである。

　大人が何かを教え，子どもが学ぶという営みが成立するには，子どもとの信頼関係を築くことが大切だろう。選択的信頼研究は，幼児との信頼関係を壊さないためにはどうすればよいか，子どもと付き合う上で基本的に大切なことを教えてくれる。

第5章

言語の発達

　私たちは，言葉を覚えるのに苦労したという記憶はあまりない。子どもは言葉をどのように獲得していくのだろうか。また，言葉はどのような機能を担っているのだろうか。言葉の機能といえば，まっ先に「コミュニケーション」が思い浮かぶだろう。子どもは最初に「コミュニケーション」という社会的な伝達の手段として言葉を取り込んでいく。その後，物事を知り，考えるなどの「コミュニケーション」以外の言葉の機能も発揮され，言葉を使った世界が広がる中で子どもの発達は総合的に促されていく。こうした子どもの発達は，養育者や保育者などの周囲の環境と密接に関わっている。

　本章では，乳幼児期に言葉がどのように生まれ，育っていくのかという言語の発達過程を学んでいくと同時に，言語の発達を促す養育者や保育者の関わりについて考えていく。

1 節 言語発達の基礎―人との関わりから育まれる言葉

1 ―― 言葉の機能

　私たちの生活において，言葉は欠くことができないものである。言葉とはどのような役割をもっているのだろうか。どのような働きをしているのだろうか。こうした言葉の機能を考えることは，乳幼児期に言葉がどのように生まれ，育っていくのかを学ぶ上で重要となる（大越，1999）。言葉の機能は多様であるが，ここでは「コミュニケーションの手段としての機能」「想像や創造につながる機能」「認知や思考を支える機能」「行動や気持ちを調整する機能」という 4 つの側面から捉えてみたい。

　言葉はお互いの意思や感情などを伝達する必要性から「コミュニケーションの手段としての機能」を担い，発達してきたと考えられている。コミュニケーション（communication）の語源はラテン語の communis（共通の，共有の）で，知識・意思・感情などを他者と伝え合うという意味であり，大別すると言葉を使用する言語コミュニケーション（verbal communication）と，言葉以外を手がかりにする非言語コミュニケーション（nonverbal communication）からなる。相手の表情や視線などの非言語コミュニケーションから発信される情報も大切であるが，より正確に気持ちを伝え合うには言葉を交わすことが必要とされる。

　乳児は発声や表情などから自分の意思や欲求を伝えようとする。これに対して養育者が言葉を使って応答することで，乳児は自分に向けられた簡単な言葉を理解していき，言葉による伝え合いにつながっていく。このようにして，私たちは最初にコミュニケーションの手段として人とつながる言葉を獲得していくのである。

　言葉を使った生活が始まると，言葉を聞いて心の中にイメージするというように，言葉は「想像や創造につながる機能」をもつようになる。「電車ごっこ」などのごっこ遊びでは，実際の生活で体験していることを心の中で想像し，本物ではない別の物に見立てて遊びに取り入れていく。また，「ままごと」でお母さん役や赤ちゃん役を決めてストーリーを創造できるのも，言葉を使ってイ

メージを膨らませ，それを楽しめるようになるからである。その他，文化や芸術においても言葉による想像や表現は創造へと発展していく。

　また，言葉は私たちが物事を知り，考える時にも重要な役割を果たしており，「認知や思考を支える機能」を担う。例えば，言葉を話し始めた子どもが「なーに？」と質問する行為は，言葉によって物の名前を知り，言葉によって自分のもつ知識を確認しているのである。私たちの日常生活において，考えを整理したり分析したりする時にも言葉は欠くことができない。このように，言葉は認知や思考などの知的機能を支えており，言葉を使用することで物事に対する判断力をもち，適切な行動をとることが可能となる。一方で，私たちは自分の行動を方向付けたり気持ちを調整する時にも言葉を使う。例えば，「いち，にぃ，さーん」のかけ声とともに力を合わせることがある。また，「よーし」と自分に語りかけることで気持ちを整理したり立て直すことがある。このように言葉は「行動や気持ちを調整する機能」も備えている。

　本節では，以上に示した言葉のもつ機能を踏まえながら言葉がどのように育まれていくのかについて考えていく。

2——言葉の準備期

（1）言葉に対する敏感さ

　乳児の生活は，人が発する言語音だけではなく様々な物や音に囲まれている。そのような環境の中で言葉を獲得するためには，他の物や音ではなく，周囲の他者や言語音に対して反応できることが必要である（石井，2019）。この点において，乳児は大人からの語りかけに合わせて手足を動かすなど，生得的に人や人が発する言葉に敏感に反応して，他者とのコミュニケーションをとろうとする能力をもっているといえる。

　しかし，このような生まれもった能力は，適切な環境や学習の機会がないと十分に開花しない。そして，言葉を獲得する過程では，乳幼児と養育者との豊かな情緒的な関わりが大切であることを認識しなければならない。

　新生児が誕生時に最初に発する音声は産声と呼ばれ，呼吸運動に伴って反射的に発せられるものである。このような発声を叫喚という。叫喚は，呼吸が規則的で，口を四角にあけ，舌の先を巻き上げ，顔やまぶたを収縮させ，強い声

であるなどの特徴をもち，生後2〜3か月頃から減少してくる（岡村，1995）。

　また，乳児は泣きによって，空腹やおむつが汚れた不快感，寂しさや恐怖などの情動を表出する。そして，2〜3か月頃には，泣きやぐずりの発声をしながら周囲の様子をうかがうような「むずがり泣き」も観察されるようになる。ここで大切なことは，養育者がその時々の泣き声を，乳児が何かを伝えようとしているものとして受けとめ，泣きや表情や動作から乳児の気持ちを読み取って応答することである。それにより，乳児は自分に話しかけてくれる養育者の顔の表情や身振り，におい，声の調子などを情報として受けとめるとともに，養育者を信頼し，関わりたいという欲求をもつようになる。ここでは乳児の気持ちを正確に読み取ることよりも，読み取ろうとする気持ちをもってあやしたり抱っこをしたりすることが重要である。このような関わりを通してコミュニケーションは育まれていく。

　生後2か月頃になると，乳児は機嫌のよい快適時に，のどの奥から「クー」「アー」などのやわらかい音を出すようになる。これはクーイング（cooing）と呼ばれる。クーイングに対して，養育者が乳児と視線を合わせて話しかけると，乳児は養育者の口元を見つめその動きに引きずられるように口を動かす様子がみられることがある。これは共鳴動作（co-action）といわれ，相手の口の開閉や表情などを見つめた後に同じ動作をする原初模倣である。そこには相手に共感するなどの意図は伴わないが，乳児が視覚的な情報と運動感覚を協応させて相手に反応できるという，社会的な能力を備えていることを示している。

　乳児との関わりにおいて，養育者は普段よりも高めの声でゆっくりと抑揚を強調して話しかけることが多い。これはマザリーズ（motherese）と呼ばれ，性別や使用言語が異なっても共通して聞かれるものである。こうした乳児をひきつける話し方の工夫が言葉の発達を促すと考えられている。

(2) 愛着対象とのコミュニケーション

　4か月を過ぎると，乳児は様々な音声を出せるようになる。まず，「アーアー」のような母音の繰り返しが始まるが，「子音＋母音」の構造がまだ不明瞭なので，過渡期の喃語と呼ばれる。6か月頃になると「ママママ」「ダダダ」のように複数の音節をもち，「子音＋母音」の構造をもつ基準喃語が現れる。喃語は反復するという特徴をもつので反復喃語とも呼ばれる。その後「バブ」のよ

うに「子音＋母音要素が異なる母音」が反復して使用されるようになり，乳児は自らの発声活動を楽しむかのような時期を迎える。

　喃語は，子どもが機嫌のよいときに，手足の運動とともに現れる。そして，乳児自身が発声することを喜び，自分の発声した音を聞くことを楽しみながら，喃語はさかんになり複雑になっていく。そこでも，養育者が乳児の発声を受けとめ，伝達的な意味をくみ取り，言葉にして返すことが大切であり，このような関わりの心地よさが人に対する信頼感の育ちやコミュニケーションの土台となる。

　8か月頃は人見知りがはじまる時期である。この現象は「8か月不安」ともいわれ，乳児にとって特定の愛着対象が成立してきたことを意味する。愛着の対象になるのは，たえず相互的なコミュニケーションの相手として乳児に積極的に働きかけ，乳児の行動に反応してくれる存在である。こうしたコミュニケーションを通して，乳児は養育者が事物と異なり積極的に働きかけてくれる存在であることに気づき，養育者との通じ合いの中で音声を意図的に使用するようになっていく。このように愛着対象とのコミュニケーションはそれ以後の言語行動の基礎として非常に重要な意味をもつ（岡本，1978）。

　そして9か月頃になると，声を出して養育者を呼んだり自分の要求を訴えるようになる。言語の発達には，「言う」という「表出」と，「わかる」という「理解」の2つの側面があり，言葉の「理解」は「表出」より先に獲得されていく。5か月頃から子どもは自分の名前がわかるようになるが，これは意味を理解しているのではなく，よく聞く自分の名前の音のパターンを認識していると考えられている。その後，「お散歩にいきましょう」という言葉かけに靴をはこうとするなど，日常生活で話されている言葉を身振りや表情，イントネーションなどを手がかりに理解していく（高橋，2017）。このように，子どもはそれまでの養育者との関わりを基礎にして言葉の意味を理解しはじめ，言葉を表出することにより養育者がどのように関わってくれるかを予測できるようになっていく。

(3) 二項関係から三項関係へ

　9か月頃に大切なこととして三項関係の成立があげられる。それ以前は，「おもちゃに注意を向ける」「乳児と養育者が微笑み合う」といった「自分とモ

ノ」「自分と相手」の二者の関わりからなる二項関係であった。そこから,「自分とモノと人」との関係を認識した三項関係に変化するのである。それにより,自分のもっている物を養育者にさし出して見せたり,養育者の視線を追いかけて養育者が見ている物と同じ物を見たりすることができるようになる。

　トマセロ（Tomasello, 1999）は,このように互いの注意を重ね合わせることを「共同注意」（joint attention）と呼び,社会的な認知現象と捉えた。それは単に2人の人間が同時に同じ対象を見ることではなく,2人がお互いに同じ対象へ注意を向け合い,対象に対する意図的な関わりを共有していることに両者が気づいていることであると定義される。すなわち,お互いに相手が何を見ているのかを知り,その意図を理解していることが条件に入る。共同注意が確立すると,乳児は養育者と対象との三項関係のもとに経験を共有して自分と相手とのつながりを深める。このことが言葉を育む基盤となり,言葉の発達に非常に重要な意味をもつ。

　例えば,0歳児クラスの子どもたちが散歩をしていると,猫が近づいてきた。そこで,保育者は「ニャンニャンねぇ」と言って猫を指でさし示すと,子どもたちは保育者が指さした方向に視線を向けるといったやりとりである。こうした三項関係が成立することにより,今度は子どもの方から指をさして,自分が注目した物を相手に伝えることができるようになる。また,これらの動作に合わせて出てくる「アッアッ」などの発声は,言葉の前兆と考えることができる。こうした場面では,養育者が乳児の気持ちをくみ取って言葉で返すことが大切である。それにより,乳児は養育者が発した言葉からその意味と音声をつなげて理解していく。同時に,自分の思いが養育者に受けとめられる喜びと安心感は,もっと伝えたいという意欲を高めていくのである。

　また,ある音声とそれが使われる状況との関係,つまりその音声をどういう場面で使うのかも学習していく。例えば,子どもがコップを落としたとき,母親が何気なく「あーあ」と言ったとする。すると,同じような状況になったときに,子どもは「あーあ」と言う。このように,子どもが「あーあ」をどのような場面で使えばよいのかを学習していくのである。

　この頃には,まるでおしゃべりをしているように聞こえるジャルゴン（jargon）が目立ってくる。ジャルゴンは,反復喃語のような同一音や類似音が繰り返さ

れる発声とは異なり，音節の組み合わせはでたらめで意味はわからないが，発声の抑揚や強弱は母国語によく似ている。このように乳児は周囲の大人の言葉の音声を積極的に模倣する一方で，養育者から自分の発声を模倣されることも好むようになる。喃語が音の出し方の練習であるとすれば，音声模倣は音の並べ方の練習であり，このプロセスを経て乳幼児は意味のある言葉を発するようになる。

　子どもが言葉らしい言葉を話し出すのは1歳前後である。しかし，これまで述べたように，言葉が出現するまでの約1年間は本人が話さないというだけで，言葉の発達には重要な時期である。そして，子どもが話し出すまでの間に養育者と乳児がどのように関わるかは子どもの発達全般に影響を与えるが，特に言語発達に与える影響は大きい（小川，1989）。

3 ── 言葉の出現

(1) 初めての言葉

　ある音声が一定の意味をもって発せられたとき，それは最初の言葉「初語」とみなされる。例えば，「マンマ」という音声が喃語でもなく，食べ物を意味する音声であれば，特定の意味を担った言葉（有意味語）と認められる。初語を話し出す時期には個人差があるが，およそ1歳前後といわれ，「ママ（母親）」などの子どもの身近にいる人や物の名前を発することが多い。この時期には一人で立って歩けるようになるため，行動範囲が広がり，探索行動が盛んになる。それに伴い，見たり触れたりした物に興味をもちながら養育者と様々な言葉を使い，コミュニケーションを豊かにしていく。

　この頃に，養育者は子どもに対して大人同士が話す言葉とは異なる独特な言葉かけをすることがある。こうした言葉は育児語と呼ばれ，「ワンワン（犬）」などの擬音語，「ぽーん（跳ねる様子）」「クルクル（回っている状態）」などの擬態語，「かみかみ（かむ）」などの音韻の反復，「くまさん」などの接尾語，「おさかな」などの接頭語，「やだ（いやだ）」などの音の省略，「にゅーにゅー（ぎゅうにゅう）」などの音の転用という特徴をもち，対象となるモノは，動物，乗り物，飲食物，衣類，身体各部，動作，性質など，様々な事象に及ぶ（村瀬ら，1998，2007）。こうした育児語は，子どもが語と対象の間の恣意的な結びつ

きのルールを学習する足場づくりの役割をもつと考えられる（小椋ら，2019）。

　そして，子どもは「ブーブ」という一語で「車をみつけた」「車を取って」などの様々な内容を表現するため，文の機能を担うものとして一語文とも呼ばれる。そこでは養育者が子どもの一語に込められた思いをくみ取り，言葉を補って返していくことが重要である。それにより，子どもは言葉で思いが通じ合う喜びを感じるとともに，自分の言いたいことをどのように表現したらよいのかを学んでいく。

　また，言葉を獲得し始めた頃は，「ワンワン」を犬だけではなく猫やほかの四つ足動物に用いたり，大人の男性を「パパ」と言うなど，語を適用範囲よりも広く使うことがある。ある言葉を実際の対象より広い範囲で使うことを「語彙拡張」（over-extension）という。一方で，自分の家で飼っている犬だけを「ワンワン」と言ったり，自分のコップだけを「コップ」と言うなど，ある言葉を特定の文脈に限定して使うことを「語彙縮小」（over-restriction）という。どこまでその語を広げて使ってよいのかが定かでないために起こる現象と考えられているが，徐々に正しく認識して弁別できるようになり，自分の家で飼っている犬も絵本に描かれた犬も，「犬」という言葉を聞けば犬を心の中に描いて考えられるようになるなど，言葉のもつ概念を獲得していく。

(2) 指さし

　先に述べた三項関係が成立する頃には，子どもは養育者の指さしに対して，養育者の顔や指ではなく，指でさされた対象を見ることができるようになる。

このように，指でさされた方向を見られるのは，子どもが指さしのもつ注意喚起という機能を理解できるようになったからである。そして，子ども自身も外界に興味のある物をみつけてそれを指でさす対象指示行動としての指さしは，言葉の獲得時期と前後して使われ始める。

　養育者に抱かれている子どもが，「ほら，ワンワンよ」と言われて，そばを通る犬をみつけた時に，嬉しそうにそちらの方に指をさすのは，子ども自身がそれまで以上の交流を求め始めたことを

図5-1　指さし

示すものである（田中・田中，1982）。このように指でさし示すことができるようになるのは，養育者がそれまでに繰り返し見せていた指さしの身振りが子どもに取り込まれるようになった結果でもある（鯨岡，2001）。そして，「ワンワンだね。絵本のワンワンと一緒かな」など，実際の体験と絵本をつなぐ言葉かけをしてみると，子どもは家に戻ってから絵本に描かれている犬のページを開いて，嬉しそうに「ワンワン」と言って指をさすことがある。このように，絵本と言葉と実際の体験を重ね合わせた関わりは子どもの言語発達を促し，言葉を使う喜びを育むことにつながる。

　指さしには，このように「見つけたよ」という思いを伝える「叙述」のほか，「○○とって」など欲しいものを伝える「要求」「これなーに？」と相手に尋ねる「質問」などの様々な機能があり，指さしを使うことで自分の思いをより正確に伝えることができるようになる。やがて，絵本を見ながら養育者から「○○はどれ？」と問われた時に，指さしで答えるといった「応答」の機能を担うようになると，指さし機能は完成したとみなすことができる（秦野，1995）。

　「応答」の指さしができるようになると，今度は逆に，子どもが絵本の中の対象物を指でさして，その名前を養育者に言わせようとする場面が頻繁にみられるようになってくる。この場合の指さしは「これなーに？」「この名前を言って」というような言語的意味合いをもつ。この時，子どもは知らない事物の名前を養育者に尋ねることもあるが，熟知している事物の名前を求めて確かめようとする場合も多く，養育者がその名前を言うと喜ぶ。こうした関わりを通して子どもの言語理解は進んでいく（鯨岡，2001）。

(3) 言語発達の個人差

　初語の発現時期はおよそ1歳前後といわれるが，言葉の発達には個人差がある。言葉を発するということは単に唇を開閉することではなく，発声，舌や口唇などの音を発する構音器官，呼気と吸気のタイミングなどの微妙な調整を必要とする活動である（加古，1999）。また，言葉は，知的能力，社会性，運動機能などの発達とも関係しながら獲得されていく。1歳の誕生日を過ぎても言葉が出ないと親は心配するが，言葉を言わないからといって言語のない生活を送っているわけではない。大切なことは，「○○もってきて」などの簡単な言葉の意味を子どもが理解し，養育者が子どもとの気持ちのつながりを感じられる

かという点である。したがって，このような理解ができていれば，表出される言葉が遅れていてもあまり心配することはない。

　これまで重ねて述べている通り，言葉とは人との関わりを通して育まれるものである。言葉が出ないことを心配して，あせって言葉を教え込むような対応をするのではなく，言葉を使った働きかけをしながら子どもと楽しいコミュニケーションをとっていくことを心がけたい。例えば，「りんご」という単語を無理に覚えさせるのではなく，「りんごよ，あーん」「りんごは甘くておいしいね」「まぁるくて赤いりんごだね」など，日常生活において言葉を通して気持ちを通わせることが，自分も表現したいという意欲を高めていく。

　また，言葉を獲得する過程では，様々な混乱や困難を伴うことがある。例えば，「テレビ」が「テビレ」となる音の転置，「えんぴつ」が「えんぺつ」などの母音の変化，「ともだち」が「ともらち」のような子音の変化，「これ」が「こえ」のような音の脱落が起こることがある。このような音の言い誤りは，舌や口唇など，音を発する構音器官がほぼ完全に発達する6歳頃までには，自然に消失していくものであり，多くの場合，成長に伴い正しく発音できるようになっていく（小川，1989）。一方，構音器官や聴覚などの問題から言葉の発達が遅れたり，発達障害や脳神経系の疾患により言葉の問題が出てくることもある。これらの心配がある場合には専門機関に相談して指導を受けるようにすることが必要だろう。

2 節 言語を使った世界の広がり

1 ——言葉の組織的獲得

(1) 二語文から多語文へ

　1歳後半になると，「ママこっち」「ワンワンいた」のように2つの単語をつなげた表現ができるようになる。これを二語文という。助詞の抜けた電文体ではあるが，単語を組み合わせることで表現内容は一語文よりも広がる。また，2歳前後には「これ，なあに？」と，物の名前を聞きたがるようになるため，この時期を第一質問期という。これは，子どもが言葉で周囲の世界を捉え始め，

物には名前があることを理解し，それを知りたいという気持ちが芽生えることによる。

　2歳を過ぎる頃には，文中の単語数はさらに増えていく。そして，「ワンワン，あっち，いった」のように3つ以上の単語を連ねた多語文で，自分の思いを表現できるようになる。この頃には自我の発達に伴い周囲への関心が高まる一方で，自己主張が始まる。そこでは，物の取り合いになったり，自分の思い通りにならないとかんしゃくを起こしたり，物を投げたりするなどの行動もみられる。子どもの自立心が芽生える大切な時期ではあるが，養育者は対応に苦慮することが多い。

　保育所保育指針の第2章「保育の内容」1歳以上3歳未満児の保育に関わるねらい及び内容の「言葉」（厚生労働省，2017）では，「子どもが自分の思いを言葉で伝えるとともに，他の子どもの話などを聞くことを通して，次第に話を理解し，言葉による伝え合いができるようになるよう，気持ちや経験等の言語化を行うことを援助するなど，子ども同士の関わりの仲立ちを行うようにすること」と示されている。

　例えば物の取り合いの場面において，保育者は言葉で十分に伝えられずにいる子どものもどかしさに寄り添い，「△△がほしかったのね」と子どもが体験している気持ちをくみ取った言葉かけをすると同時に，「急に取ったら，○○ちゃんはびっくりしちゃうのよ」と相手の気持ちも伝えていくことが大切である。こうした保育者の仲立ちが相手にも思いがあることへの気づきを促し，自分の気持ちを伝えるとともに相手の気持ちも聞くという，言葉による伝え合いにつながっていく。

(2) 言葉を獲得する仕組み

　3歳頃になると助詞を用いた多語文となり，より文章らしい表現ができるようになってくる。この1歳半頃から2〜3歳にかけては一生の間で最もたくさんの言葉を身に付ける時期である。子どもの語彙獲得は初語が出てからしばらくの間はゆっくり進むが，自発的に話せる言葉が50語を超えたあたりから語彙量が飛躍的に増え始める。この現象は語彙爆発と呼ばれ，子どもは周囲の大人や仲間との言語コミュニケーションを通して新しく出合った言葉の意味を既知の情報に関連づけて推論し，次々と身に付けていく。

　新しく出合った言葉の意味を理解するには，その言葉が目の前の場面のどこに対応しているか（指示対象の切り出し），それと何が同じであれば他の場面でもその言葉を使ってよいのか（般用基準）がわからなければならない（今井・針生，2014）。そして，モノの名前はたいてい形の似た他のモノに適用できること，モノとモノの間の行為である動詞は，他の場面でも同じ関係がそこにあれば適用できることを子どもは学習していく。

　例えば，3歳ぐらいの男の子が父親と一緒に電車に乗ってきた時のことである。男の子は嬉しそうに興味津々で車内を見回し，ドアに貼ってある注意書きに注目した。そこには，「引き込まれないようご注意ください」という表示とともに手が挟まれると危ないことを喚起するイラストが添えられていた。男の子はイラストをじーっと見たあと，父親に「はさまれちゃうんだね，ドアのここ」と言いながら，左右のドアが合わさる開閉部分を指でさした。すると，父親は「そうだよ，はさまれると危ないね。でもそこじゃないよ，戸袋のここだよ」と言ってドアを引き込む部分を指でさし示した。すると男の子はおそるおそる戸袋を触りながら「ここ，とぶくろ，はさまれちゃうんだね」と言って父親に確かめた。そこには，男の子がそれまでの生活の中で出合った「はさまれる」という行為を切り出し，電車の中で見つけた場面にも「はさまれる」という言葉が使えることを確かめながら，さらに「とぶくろ」という新しい言葉を獲得していく様子がみられた。

　このような名詞や動詞に加えて，子どもはモノを数える時に数のあとにつける助数詞の存在にも気づくようになる。例えば，鉛筆は「本」，折り紙は「枚」など，数える対象が何であるかによって助数詞は決まる。子どもが助数詞を使い出すのは2歳頃からと言われるが，数のあとにくる「何か」くらいの認識である。5歳台になると形状に注目して，動物でも大きいものは「匹」ではなく「頭」というように知覚に基づいて助数詞の付与ルールを獲得していくようになるが（内田・今井，1996；内田，2017），助数詞を間違いなく使いこなせるのは5歳児でもまだ難しい（今井・針生，2014）。

2——言葉が担う多様な機能

(1) 想像や創造につながる言葉

　1歳半頃から2～3歳の時期に語彙が急激に増加する理由として，象徴機能の形成があげられる。象徴機能とは，実際に目の前にはない場面や事物を頭の中でイメージして，遊具などの別の物に見立てたり，何かのふりをすることである。例えば葉っぱをお皿に見立てて遊んでいる時，子どもは自分の中にもっているお皿のイメージを葉っぱに再現しているのである。ここで重要なのは，子どもが言葉と外界との間に象徴的関係が成立することに気づき始め，言葉を表現手段として積極的に使用するようになることである（小川，1989）。

　このように子どもは，今ここにない物のイメージを呼び起こして，ままごとなどのごっこ遊びの中で自分の思いを表現して言葉で伝え合うことの楽しさを味わう。また，言葉を通して実際の生活で見たり体験していることを心の中に思い描いていく。それまでは，主にコミュニケーションの手段として使われていた言葉が，「想像や創造につながる」という機能も担うようになるのである。こうした遊びにおいて，保育者は布や箱など様々な物に見立てられる素材やイメージを支える小道具などを用意したり，保育者も一緒に遊びに加わることで，子どもが膨らませたイメージを広げていくことが大切になる。

　こうして言葉を聞いて想像する力がつくと絵本も楽しめるようになる。最初は，身近な事物をお話の中に見いだす面白さだけだったものが，少しずつ主人公の気持ちを考えながら聞いたり，見たこともない昔のことを想像しながら聞くことができるようになる（戸田，1989）。また，聞いた話の内容に基づいて，ごっこ遊びに展開させて楽しむこともある。読み聞かせの基本として大切なことは，子どもの心がほっとできる楽しい時間であることだろう。そこでは，読み手である保育者の言葉の響きが心地よく子どもの心に流れ込んでいき，その言葉を聞きながら話の内容を想像し，物事を知り，考えるなどの様々な体験をするのである（長山，2001）。

(2) 認知や思考を支える言葉

　先に述べたように，2歳前後には「これ，なあに？」と，物の名前を聞きたがるようになり，言葉は「認知や思考を支える」機能も担うようになる。そし

て3歳頃には，物事の因果関係や対象との関係にも気づき始め，それを知りたいという気持ちから，「どうして？」「だれの？」といった質問をするようになり，第二質問期ともいわれる。こうした質問が出てくるのは，子どもが周囲の世界に興味をもち，自分から関わろうとしている証拠である。

> **事例1　どうしてないてるんだろう？—言葉を使って考える**
>
> 　夏のある日，3歳になったばかりの子どもたちが散歩をしていると，セミがしきりに鳴いていた。そこで，保育者が「セミがないてるね」と，子どもたちに声をかけたあとのやりとりである。
> Ａ美：セミがないてるの？　あかちゃんなの？
> Ｂ男：どうしてないてるんだろう？
> Ｃ子：お母さんにおこられたのかなぁ。

　事例1では，子どもたちが，自分の内にある「どうして？」という疑問や，それに対する考えを言葉で表現しており，考える手段としても言葉が使われ始めていることがみてとれる。このような子どもが投げかける疑問の背後には，その時々の子どもの思考過程がよく表されている。したがって保育者はその質問に至った子どもの思いを探りながら一緒に考えたり，思考の手がかりになるような応え方を工夫したりすることが言葉と認知の双方の発達を促していく点で大切になる。

　また3歳を過ぎると，「お弁当を食べたら，また遊ぼう」などと，先のことを予測したり予定を立てられるようになってくる。さらに4歳頃には時間の概念が過去の方向にも延びていき，過去，現在，未来の区別が明確になる。そこでは，自分の過去の経験が記憶の中で言語化され，一緒に遊んだ仲間の存在が過去の経験に加えられるとともに，また一緒に遊ぼうという未来にもつながっていく。このようにして3歳から4歳にかけて日常生活に必要な会話はほぼできるようになっていくが，子どもが話す言葉はまだ断片的である。そのため保育者が言葉をつなぐことによってお互いの思いを共有して経験をわかち合うなど，協同の営みへと促すことが大切になる。

事例2　こうするとうまくいくよ！―言葉を使って伝え合う

　4歳児クラスでは縄跳びがはやっている。園庭のあちこちで，子どもたちが縄跳びをする中，なかなかうまく跳べないD男と，D男を応援するE男の姿を保育者は見守っていた。
　E男：「こうやって跳ぶんだよ」と言いながら，跳び方の手本を示す。
　D男：「うん」と言って，じっとE男が跳ぶのを見てまねをするが，うまく跳べない。
　そこで，保育者はE男にもう一度跳んで見せてくれるように頼んだ。そして，E男が跳ぶのを見ながら，「Dくん，縄がどこに来たら跳んだらいいのかな？」と尋ねた。
　D男：「えーと，ここ。足のところ」
　E男：「そうだよ，縄が足のところに来たら跳べばいいんだよ。こうやってね。見てて！」と言って，もう一度跳んで見せる。
　保育者：「そうか，縄が足の手前にきたらピヨーンって跳べばいいんだね」
　D男：「わかった！やってみる」
　E男：「こうするとうまくいくよ！」と言い，もう一度跳んで見せる。

　保育所保育指針の第2章「保育の内容」3歳以上児の保育に関するねらい及び内容の「言葉」（厚生労働省，2017）では，「子どもが自分の思いを言葉で伝えるとともに，保育士等や他の子どもなどの話を興味をもって注意して聞くことを通して次第に話を理解するようになっていき，言葉による伝え合いができるようにすること」と示されている。事例2のように，子どもだけで跳び方を説明することがまだ難しい場面では，保育者が言葉を添えることにより，言葉によって伝え合う力が引き出されていく。

(3) 行動や気持ちを調整する言葉

　3〜4歳にかけては，自分の言葉によって自己を調整するなど，「行動や気持ちを調整する」という言葉の機能も加わるようになる。それ以前から大人の言葉かけによって行動を起こすことは可能であったが，この時期になると自己の発声に伴って行動を引き起こすことができるようになってくる（岡本，1978）。例えば，園庭のブランコに乗るには，列に並んで順番に乗ることになっている時，「じゅんばん，じゅんばん」「ならばなくちゃ」などのひとりごとを言いながら列の後ろに並ぶことがある。このような発話は，「順番を守って並ばなければならない」という次の行動を自分に示していると考えることができる。
　このような行動調整とともに，言葉によって気持ちを調整することもできる

ようになる。例えば，友だちとけんかをした子どもが，保育者のところに泣いて行き，「くやしい！」と訴えることがある。悔しい気持ちを受けとめてくれる保育者の存在は大きいが，体験している悔しさを「くやしい！」と言語化して表出することも，気持ちを調整する助けになっていると考えられる。その後，5歳頃になると自分の言葉による行動抑制も可能になり始める。行動を起こすだけでなく抑制することもできるようになってくる点で，言葉による行動調整が十分に機能してくる。

 節　児童期の生活や学習につながる言葉

1 ── 言葉によるイメージの広がり

　5歳頃になると，「想像や創造につながる」言葉の機能は様々な形で展開されていく。例えば，5歳児では，絵本の読み聞かせのあとに，お話の続きを創造する「お話づくり」が楽しめるようになる（田島，2013）。また，「しりとり」では言葉を音に分け，語尾の音を取り出し，その音を語頭にもつ言葉を探す。こうした言葉遊びでは，言葉とイメージを操作しながら遊びが展開する。そして，遊びを通して子どもは音韻意識を高め，それを支えとして文字言語の習得が促されていく（高橋，1997）。このように，子どもは生活の中で，言葉の響きやリズム，新しい言葉や表現などに触れ，それらを楽しみながら言葉を豊かにしていく。

　一方で，自然や社会に向けて発見したことを，自分のもっている他の知識と関係づけて考えようとする力も育ってくる。このように，今ここにある物を，今ここにない物と関係づけて考えることができるのは，まさに言葉の働きによる。今，目の前で見ている蝶のとび方を，過去に見たことのあるとんぼのとぶ姿や，飛行機のとび方と比べられるのは，言葉によってその時のイメージを思い浮かべることができるからである（戸田，1989）。それにあわせて思考が深まり，子どもの知的好奇心は引き出されていく。

2 ── 「外言」から「内言」へ

　ヴィゴツキー（Vygotsky, L. S., 2001）は，他者とのコミュニケーションの道具として獲得した言葉はある時期に分化して，思考のための道具として内在化されると考えた。そして，コミュニケーションで使う言葉は音声を伴うことから外言と呼び，思考の手段で用いる言葉はたいていが音声を伴わないことから内言と呼んだ。こうした外言から内言への分化は5〜6歳頃に生じるが，子どものひとりごとは，この過渡期に「思考のための言葉」として現れると考えた。

　このように，ひとりごとは内言の芽生えであり，内言は発達とともに豊かになる。そして徐々に，子どもは考えを自分の中だけでとどめたり，頭の中でいろいろなことを考えられるようになっていく。

　表5-1は言語発達の道筋をまとめたものである。研究者によって視点の差異はあるが，共通した特徴が示されている。これらの特徴が表れる時期には個人差がみられるものの順序と方向性は一定である。

3 ── 文字学習のはじまり

　言葉は音声言語と文字言語の2つの分野をもち，音声言語は「話す・聞く」，文字言語は「読む・書く」に分けることができる（角尾，1978）。2〜3歳の頃から，子どもは「話す，聞く」の音声言語だけではなく，「読む・書く」の文字言語の存在に気づき関心をもち始める。そして，日常生活の中で文字に関わる活動を見たり参加することによって，自然に文字を習得していく。

　保育所保育指針の第2章「保育の内容」3歳以上児の保育に関するねらい及び内容の「言葉」（厚生労働省，2017）では，「子どもが日常生活の中で，文字などを使いながら思ったことや考えたことを伝える喜びや楽しさを味わい，文字に対する興味や関心をもつようにすること」と示されている。したがって，保育者は，子どもたちが普段使っている言葉が文字化されていることに興味を抱き，それを遊びに取り入れて楽しみながら読み書きをしていくよう援助していく。そこでは，早くから読み書きができるようになることが目的ではなく，幼児が想像を巡らす経験を十分にもち，それを表現したり伝えたいという欲求が育つような環境づくりが大切になる。

表5-1　言語発達の道筋（是澤，1997）

大久保　愛 1)	木下紀美子 2)	岡本　夏木 3)	歳	鳰地　勝人 4)	
				言葉の表現	言葉の理解
ことばの準備期	ことばの準備期 音声の獲得（0～1歳）	・発声活動始まる ・おもに不快時の叫喚 ・母との間に未分化な交信をする ・前言語的交信をとおして信号交換の相手と方法を知る ・喃語	0歳	泣き声やさまざまな音を出す。	物音に驚いたり，静まったりする。人の声に聞き耳をたてる。
一語文の時期（1歳～1歳5か月）				アーとかオーとか，自分の出した声をまねたり，他の人の話しかけに応じて声を出したりする。	声の調子を聞きわける。楽しそうな声には，楽しさを期待した表情を向けるなど。
二語文の時期（1歳6～1歳7）	有意語の出現 語文への展開（1歳～3歳）	・他人の音声の理解と模倣始まる ・初語，特定の意味をになった音声の使用 ・指さし行動始まる ・「フリ」による表現をする	1歳	ブブブとか，チェッチェッ，シーマンマンなどの音を明瞭に繰り返すことが多くなる。	大人の話しかけに興味を持って，繰り返しを喜ぶ。バイバイなどのきまった話しかけは，わかる。
第一質問期（1歳8～1歳11）		・言語が組織的に獲得される ・語いが増加し，二語以上の文構造をもつ発話もする			
多語文・従属文の発生（2歳～2歳5）		・自立語としての性質の増した発語が増加する ・この期の後半から「コレナニ」の質問期に入る ・自己のイメージを対象物に再現して「見たて」遊びをする	2歳	マンマ，ブーブーのような意味のある言葉が，1～2語でてくる。	日常よく聞く言葉は，いくつかわかる。話しかける情報や声の調子が同じであれば，さらにたくさんの言葉がわかる。
第二質問期（2歳6～2歳10）					
文章構成期（2歳11～3歳11）		・会話的行動が進展する ・3歳代では日常生活場面に必要な会話はほぼできる ・語い増加，文の構造複雑化と相互にかかわりあい，会話行動が発達する	3歳	語彙が10～30語ぐらいになる。話すような抑揚のある発声が出てくる。	「何々（おすわり）しなさい」「何々（ワンワン）はどーれ」などがわかり，50語くらいわかる。
おしゃべりの時期（4歳～4歳11）	自己表現の開始 対話の基本の成立（3歳～5歳）	・4歳では一連のできごとを時間的に順序だてて報告もする ・自己の発声にともなって，その行動を起こすことができる	4歳	二語文が出る。語彙が200語くらいになり，話すような抑揚のついた発声の中に意味のある言葉が増える。	「パパはどこ」「テレビ消し」などがわかり，200～300語くらいわかる。
「おとなのことば」模倣期（5歳～6歳）		・副詞，形容詞などの修飾語を使用し，テーマについてかなり細かいコメントもできる。表現・伝達の手段として言語を用いる	5歳	二～三語文を使う。「ボクの」「パパと」のような助詞の使用がみられる。	「何々をどこへ」「何の上に」などがわかり，800語くらいわかる。
就学前期	言語生活の土台の完成 文字学習の始まり（5歳～6歳）	・「それから」など順接的関係で表現することは容易であるが「けれども」「けど」など逆説的な表現にはいたらない ・外言から内言への移行期にあたる ・言語が思考の媒介として機能する前段階 ・言語による行動の抑止が可能になり始める	6歳	主に三～四語文を使う。「パパといったの」のような文ができる。	「何々より大きい」など助詞や接続詞の理解が増し，理解語彙も急増する。

1) 大久保愛『幼児言語の発達』東京堂　1967
2) 木下紀美子『言語の理論と実践』中部日本教育文化会　1978
3) 岡本夏木『言語』川島書店　1978
4) 鳰地勝人『最新育児の理論と実際』同文書院　1978

　3〜4歳の頃になると，子どもたちは自分で文字を読んでいるかのように絵本を読むまねをしたり，名前や手紙などをそれらしく書いてみたがる。このように，あたかも読み書きができるようにふるまう様々な活動をプレリテラシーという。こうした過程を経て，「話す・聞く」の「話し言葉」から「書く・読む」の「書き言葉」へと進んでいく。

　「書くこと」の発達に関して，内田（1989a）は年長組から小学1年生までの短期縦断研究を行い，口頭で作った物語を文字で書くという作文の過程について詳細な観察を行った。そこでは，作文の発達は外言を伴わせながら文字を書く段階から黙って書く段階に移行していき，表5-2のように5段階を経過することが明らかにされた。内田（1989b）によると，文字を書きながら伴う外言は，大きな声からささやきへ，そして黙ったままへと変化しており，その過程は先に述べた思考の手段としての内言への分化に類似している。また，第1・2段階での外言は言葉よりも文字のレベルで生じており，文字を思い出したり，発音と文字との対応付けを行ったり，書字を安定させたりする役割を担うと考えられる。一方で，第3段階以降の外言は意味やイメージの形成などの思考過程が外的に展開され，第5段階になると外言の支えなしに黙ってすらすらと書けるようになっていくと考えることができる（図5-2）。

表5-2　作文の発達段階（内田，1989b）

第1段階	外言で次に書く文字（ときにはことば）を言ってからその文字（ことば）を書く。文字を書きながらも外言をともなわせる。停滞は絶えず生じ，文字の途中でも生ずる。
第2段階	ささやき声，あるいは唇の動きをともなわせながら1字ずつ書く。
第3段階	ささやきは，とくに難しい文字やことばにかぎられる。あとは黙ったままで1字ずつ書いていく。
第4段階	ささやき声，あるいは唇の動きをともなわせながら，比較的すらすらと文字を書いていく。停滞はことばの途中でも生ずる。
第5段階	黙ったままですらすら書き続ける。停滞は文や句などの意味の切れ目で生ずる。

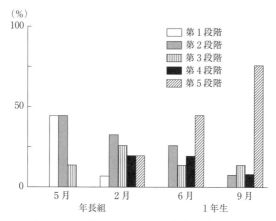

図5-2　就学移行期における作文の発達（内田，1989b）

4 ── 会話の進展

(1) 言葉による伝え合い

　「保育所保育指針」「幼稚園教育要領」「幼保連携型認定こども園教育・保育要領」の第1章「総則」には共通して，「幼児期の終わりまでに育ってほしい姿」として10項目が示されており，その9項目目に「言葉による伝え合い」がある。子どもは，身近な親しい人や仲間と心を通わせながら，自分の話や思いが相手に伝わり，相手の話や思いがわかる楽しさや喜びを感じる中で，次第に伝え合うことができるようになっていく。こうした幼児期の言葉による伝え合いは，小学校の生活や学習において友だちに互いの思いや考えを伝え，受けとめたり，認め合ったりしながら一緒に活動する姿や，自分の伝えたい目的や相手の状況などに応じて言葉を選んで伝えようとする姿につながっていく（厚生労働省，2018）。

　5〜6歳の頃になると，副詞や形容詞などの修飾語の使用が巧みになるとともに，接続詞を用いて「だからね」「それでね」と，複数の文を順接的な関係で組み合わせて，まとまりのある内容を表現する力がついてくる。一方で，「しかし」「けれども」のような逆接的な関係を表現することはまだ少ない（岡本，1978）。こうして子どもは日常生活に必要な文法や語彙を獲得しながら大人と

対等に会話を交わし，時には冗談さえ言えるようになる。また，この頃になると子ども同士で考えを出し合うこともできるようになる。しかし，せっかくよい考えをもっていても，ひとりでつぶやいているだけで，他児に伝わらないこともある。そうした場面では，保育者は子どもの「つぶやき」を拾い上げて，周囲の子どもに広げたり，お互いの考えを相手にうまく伝わるように仲介していくことが大切になる。

　例えば，5歳児の男児3人が砂場でこれまでで一番高い山を作ろうとしていた時のことである。それぞれがバケツに砂を集めて運んでいたが，山はなかなか高くならない。そのうち一人が「いいこと考えた」とつぶやいた。子どもたちの様子を見ていた保育者は，「○○くんが，いいことを考えついたみたい」と言い，考えていることをみんなに伝えるよう声をかけた。そこで，○○くんは役割を決めて分担したらうまくいくという考えを，保育者に言葉を補ってもらいながら伝えた。それを聞いた2人もそれぞれの考えを出し合い，バケツに砂を入れる子，バケツを受け取ってかける子，山の形を整える子など，役割を分担することにした。そして，バケツリレーが始まると，まわりにいた子どもたちも加わってきて，水を運ぶ子，水で固める子など，子ども同士で相談して役割を決めながら山作りは展開していった。

　このように，保育者の言葉かけによって子どもたちはお互いの考えを伝え合い，意見を出し合うことの楽しさを体験していく。そして5歳児の子どもたちが遊びを発展させていく過程では，言葉・認知・社会性などの発達が総合的に促されていく様子がみてとれる。

(2)「一次的ことば」と「二次的ことば」

　岡本（1985）は，乳幼児期に獲得される言葉を「一次的ことば」，学校教育が加わることによって身に付けていく言葉を「二次的ことば」と呼んだ。「一次的ことば」は，生活をともにして共通の経験を積み重ねてきた特定の親しい人との間で，具体的な現実場面におけるやりとりの中で生まれる。一方，「二次的ことば」では，現実場面を離れ，不特定多数に対して一方的に発話が展開され，話し言葉に書き言葉が加わる。

　「二次的ことば」は「一次的ことば」と重なり合いながら発達していくが，両者は質的に大きく異なる。そのため，保育者は「一次的ことば」と「二次的こ

とば」をつないでいくような援助をしていくことが大切になる。例えば，子どもが体験したことを思い出して他児に言葉で伝える際には，保育者と子どもとの１対１の対話を全体に広げていくなどの工夫が「二次的ことば」につながる。

　４～５歳児クラスになると，友だちの話を聞くことは子どもたちの基本的な日常生活の一部となり，みんなの前で自分の話したいことや出来事を話す機会も増えてくる。そこでは，一方的に話を聞くだけでなく，友だちの話を聞いて自分が質問するという言葉による伝え合いも行われる。幼児にとって具体的な対象が目の前にあって，それをテーマに話を共有する場合には，比較的不自由なく言葉での伝え合いができる。一方，話のテーマとなる対象物が目の前にない時や，共通の体験をもったことがない時には，個人の経験を言葉だけで相手にわかるように伝えなければならない。また，聞き手の子どもも，話し手が理解できるように質問を返すことは難しく，両者の会話にすれ違いが生じやすい。このような場面では両者の間に保育者が入ることで対話をスムーズに進める工夫が必要であるとともに，こうした援助は就学に向けた教育的観点からも重要な意味をもつ（小川，1989）。

　そして，小学校の生活や学習では，大勢の前で自分の意見を述べたり，相手によっては丁寧な言葉を使うなど，状況に応じた話し方が求められるようになる。このような相手に配慮した話し言葉の組み立てができるようになるには，自分の言動を客観的な立場から認識して調整するなどの「メタ認知」が必要となる。こうした自身の行動に対する認識は４歳頃からみられるようになり，就学以降は，幼児期までに獲得した言葉の基礎を土台にして，その場に適した言語コミュニケーションを洗練させていくのである。

 研究課題

1．言葉を話し始める前の赤ちゃんと養育者とのコミュニケーションを観察して，言葉の発達という視点からエピソードを取り出して考察してみよう。
2．５歳児の遊びを観察して，子どもたちの間でどのような言葉が交わされ，それらの言葉はどのような機能を担っているのかを考えてみよう。
3．あなたが幼児期に楽しんだ言葉遊びには，どのようなものがあったでしょう。その遊びが言葉の発達にどのような意味をもっていたのか考察してみよう。

推薦図書

● 『幼児心理学への招待―子どもの世界づくり』　内田伸子　サイエンス社
● 『3 歳から 6 歳―保育・子育てと発達研究をむすぶ（幼児編)』　神田英雄　ちいさいなかま社
● 『言葉をおぼえるしくみ―母語から外国語まで』　今井むつみ・針生悦子　筑摩書房

Column 5

生きる力につながる創造的思考

　3歳になったばかりの女児に，保育者が絵本を読んでいた時のことである。ある場面で主人公が驚いて「失神する」という表現が出てきた。保育者はそのまま読んで聞かせると，女児は「『しっしん』ってなに？」と聞いてきた。そこで，保育者は「そうねぇ，びっくりして『気を失う』ってことかしら」と応えると，女児は頭をフル回転させて考え始めた。そして，「きおう…？」「きおうし…？」とつぶやいた。「きをうしなう」をどこで区切ったらよいのか，ありったけの知識を使ってその意味を関連づけながら考え，「うし」の部分を拾って牛の仲間も連想してみたようだった。初めて出合う言葉の意味を知ろうとして懸命に考える女児の姿に，保育者は自らが育とうとする力を感じ，子どもは日々，出合うことがらに思考を巡らす中で，言葉とその概念を獲得していくことを実感したという。このエピソードからは，子どもの「知ろう」とする力，「考えずにはいられない」姿が映し出されている。

　近年，就学移行期において適応できない子どもの姿が見られるようになり，幼児期の教育，小学校教育との円滑な接続が重視されている。保育所保育指針及び幼稚園教育要領等には，就学前の保育・教育を通して育まれた資質や能力が小学校以降の生活や学習の基盤となるため，保育・教育施設では幼児期にふさわしい生活を通して「創造的な思考」を培うよう示されている。この「創造的な思考」の基礎として重要なのは，子どもが出合う様々なことがらに対して，好奇心や探究心をもちながら問題を見いだし，解決しようとすることである。こうした子どもたちの主体的な態度が，今日の教育で重視されている「生きる力」につながるのである。

　先のエピソードに照らし合わせると，初めて出合った言葉に「どういう意味だろう？」という疑問を抱き，「知りたい」という気持ちに突き動かされて「考える」ことは，その先のわかったという喜びや自信につながり，生きる力の土台となるのである。こうした好奇心をもって考えたくなるような様々な不思議が，子どもを取り巻く環境の中にあることが重要であり，また，周囲の大人が子どもの思いに耳を傾け，受け入れ，一緒に考えることを楽しむことも，「創造的な思考」を促すと考えられる。本章「言語の発達」で学んだように，言葉には子どもの思考を深め，創造する手段としての機能があり，言葉を支えとして「創造的な思考」を育むことが，子どもたちの「生きる力」につながるのである。

子どもの学びと保育について

第6章

子どもの学びと保育

　子どもは生まれて間もない頃から外界に注意を向け，刺激に対して反応する能動的な存在である。そして，外界を探索し，モノと人からなる世界に気づき，知って，自分の知識の枠組みを広げると同時に，様々な技能や行動を，日々の体験を通して学んでいく。しかし，能動的ではあっても，こうした子どもの学びは，身近な人との関わりや支えがあってこそ遂げられる。

　一方，保育というのは，子どもと大人が出会った瞬間から始まり，その日の子どもの行動の意味は，その日の中だけでなく，その後の経過の中でも創造され続けていく。それは瞬間的でもあり，縦断的でもあり，創造的でもある営みである。

　家庭や園における，どのような人との関わりや支えが，子どもの豊かな学びにつながっていくのだろうか。本章では，子どもの日常生活における学びの過程を，学びの理論，及び保育との関連からみていこう。

1 節 乳幼児期の学びに関わる理論

1——学びとは何か

私たちは「学習」，ないし「学び」という言葉を日常しばしば目にするが，両者にはどのような違いがあるのだろうか。まず，そこからみていこう。

(1) 学習と学びの違い

「学習」とは，能動的，あるいは受動的な経験によって，行動や知識・技能などを獲得したり変化させたりすることをいう。例えば，ピアノが上手になる，これまでできなかったことが，できるようになるといった行動の変化が持続することが学習の条件とされる。このように，学習は決められた事柄を取得するという目的の明確な活動である。

一方，「学び」とは，必ずしも目的的な活動でも，単に知識を吸収するものでもなく，「実感して納得できる」という意味合いが大きい。特に乳幼児期の日常的で素朴な学びは，小学校に入ってからの科学的な学習の土台となる。こうした「学び」は，遊びを通して子どもが面白い，楽しいと感じることによって，環境に興味・関心をもち，積極的に関わろうとする意欲・姿勢から生まれてくる。したがって，遊びは学び・学習の基盤であり，学びに欠かせない。

(2) 3つの世界を生きる

人は，どのような世界について学び生きているのだろうか。メイ（May, 1965）は，臨床経験から人間は3つの世界に生きているという。すなわち，「まわりの世界」「ともにある世界」，そして「独自の世界」である。

「まわりの世界」とは，周囲のモノや自然との関わりをさしているが，ここでの自然とは単に戸外での活動を意味しているのではない。自然豊かな戸外であっても，それが背景となってしまっては自然と関わっているとはいえない。逆に都心の高層マンションの生活では，自然との触れ合いは難しいかというと必ずしもそうとはいえない。ここで問われているのは，身近に自然があるか・ないかではなく，自然やまわりに対して，日々どのような目や気持ちを向けて生活しているかが問われているのである。

次に「ともにある世界」とは，まさに人との関わりをさす。他者との関わり

において，お互いにどのように自分を表現しているかによって独特の関係が生みだされる。例えば，親しい関係や，何となくよそよそしい関係などである。そして真の意味での「ともにある世界」においては，関わり合う中で相互の出会いがあり，それによってともに変化する，と述べている。

そして「独自の世界」とは，自分自身との関わりをさし，それは「まわりの世界」と「ともにある世界」のありようの基盤でもある。自分自身に目を向け，好きなこと・苦手なこと，好きな人・苦手な人のほか，自分自身のこだわり，長所や短所，さらには自分自身の課題について気づくことである。

その上で，メイは3つの世界を同時に生きることが大切である，という。「ともにある世界」を避けて「まわりの世界」に逃げたり，「独自の世界」に籠もったりするのではなく，いずれの年齢でも，その人なりに3つの世界との関わりを持続的にもっていることが大切であるとする。ここにメイが述べる3つの世界と，今日，生涯発達の学びを支えるために注目されていることとの重なりを読み取ることができる。つまり，まわりの世界とは認知能力に，ともにある世界と独自の世界は，非認知能力の人に関する能力と自己に関する能力に対応すると考えられる。したがって乳幼児期においてメイのいう「3つの世界を同時に生きる」とは，認知能力と非認知能力が絡み合うようにして伸展する学びとみなすことができるだろう。

では，乳幼児期の学びには，どのような特徴があるのか，次にみていくことにしよう。

2――子どもの学び手としての特徴と学びの理論

子どもの学び手としての特徴を5点にまとめ，それらの特徴と学びの理論との関連を，以下にみていこう。

（1）能動的に学ぶ

学び（学習）に関する理論的考察は歴史的に古く，また様々な領域で多くの研究がなされてきている。その1つはワトソン（Watson, 1913）による行動主義の理論である。人は環境からの刺激とそれへの反応，さらにその反応に対する環境からのフィードバックを通して学ぶ（学習する）と考えられた。つまり行動主義における学びは，大人主導であって，学び手である子どもは受動的に

学ぶとされた。

　それに対して，ピアジェ（Piaget, 1970）は学び（学習）における子どもの主体性を重視した構成主義を唱えた。子どもは外界とのやりとりからその規則性を取り出し，自らの「認知構造」を作りだし構成していくとする。彼は，シェマという子どもの内的な認知的枠組みと環境が与える情報とのズレ，すなわち認知的葛藤を解消しようとして，環境情報を自分のもっているシェマに合わせて解釈する同化と，環境情報に合うように自分のもっているシェマを作り替える調節の作用により知識を広げていくとする。このように認知的葛藤を同化と調節で解消する過程は均衡化と呼ばれる。発達の主体はあくまで子ども自身であり，現在の認知的思考とのズレが新たな均衡化の作用を生みだすことにより，認知の発達は4つの段階を辿るとした（詳細は，第4章参照）。

　ところで，乳児が外界に積極的に働きかける能動的存在であるがゆえに，それに呼応したフィードバックがないことが繰り返されると，乳児は外界へ働きかけることを止めてしまう。これは本来もっていた能動性が失われ，働きかけは無駄であると学んでしまったと考えられることから，「学習性の無力感」と呼ばれる。

（2）　身体・感覚を通して学ぶ

　乳児は自分の手を見つめたり，かかとをなめたり，いろいろなモノを口にもっていき触覚で，さらに5感を総動員して身体全体で外界を探索する。乳幼児期は前述のピアジェの認知発達段階の最初の2つの段階（誕生～7歳頃）に相当し，身体・感覚を通して学ぶ。

①感覚運動的に捉える（誕生～2歳頃までの感覚運動期）

　ピアジェは，誕生から2歳頃までの段階はもっぱら感覚と運動によって外界との関わりをもつ感覚運動期とし，さらに表6-1に示される6期に区分している。

　生後1か月までは原始反射というシェマによって外界と関わり，生後1～4か月までは自分の体に焦点をあて同じ行動を繰り返す第一次循環反応がみられる。この循環反応が安定してシェマを形式し，次第に自分にとって心地よくなるように行動を調節していく。例えば親指を口に入れて吸うなどである。生後4～8か月頃には外的なモノに焦点を当てて同じ行動を繰り返す第二次循環反

表6-1　感覚運動期の段階

段　階	月　齢	特　徴	具体的な行動
第1段階	最初の1か月	反射的活動	生得的に備わっている原始反射を用い，外界に関わる。
第2段階	生後1〜4か月	第一次循環反応	自分の身体に焦点をあてて，同じ行動を繰り返す。
第3段階	生後4〜8か月	第二次循環反応	外的なものに焦点をあてて，同じ行動を繰り返す。
第4段階	生後8〜12か月	目的と手段の関係づけ	第二次循環反応を組み合わせ，意図的な行動が可能になっていく。
第5段階	生後12〜18か月	第三次循環反応	試行錯誤して新しい手段を発見する。
第6段階	生後18〜24か月	洞察の現れ	新しい手段を心のなかで作りだし結果を予期する。

（無藤ら，2004, Pp. 247-248より作成）

応がみられる。ガラガラを叩き音が出ると何度でも繰り返す。生後8〜12か月では，第二次循環反応を組み合わせて，意図的な行動も可能となる。腕を伸ばすシェマとモノをつかむシェマを組み合わせ，手を伸ばしモノをつかんで取ることができるようになる。また，この時期に物は隠されても存在し続けているという「対象の永続性」の理解や，指さしといった行動がみられるようになる*1。

　そして生後12〜18か月では外界のモノに対して次々に新しいことを試みていく第三次循環反応がみられる。たまたまモノを落とすと，今度はわざといろいろな落とし方をして，どのようになるかを観察する。試行錯誤しながら外界の変化と自分の行動との関連に気づいていく。さらに生後18〜24か月では象徴機能により，心の中でシェマを組み合わせて新しい手段を作りだすようになる。そして行動する前に結果を予期する洞察が可能となる。

　しかし，感覚運動期の終わりの2歳になっても，まだ自他未分化なため，全てを自己の視点から考え理解してしまう自己中心的傾向があり，アニミズムはその1つとされる。それは，無機物や植物にも人間と同じ心があるとし，例えば，机を叩くと自分と同じように机が痛いと感じていると考えてしまう。

＊1　ピアジェの実験では「対象の永続性」は生後9か月頃に獲得されるとしているが，最近の研究では生後3か月半頃からみられることが実証されている（Baillargeon & DeVos. 1991）。

②直感的で見えに惑わされながらも考える（２歳〜７歳頃までの前操作期）

　表象レベルで思考し，言葉やモノ（物）を象徴的に使用するようになる前操作期はさらに２期に区分される。２歳〜４歳頃までは前概念的段階で，まだ自己中心的な傾向が強く，他の人も自分の視点でものごとをみていると捉えてしまう。４歳〜７歳頃は直感的段階では，分類や関係づけなど論理的に思考し始めるが，体制化されておらず直感的で，視覚的印象に惑わされてしまうといった限界がある。（このようなピアジェの理論は，その後，批判的に検討されて今日に至っている。新しい知見については第４章を参照されたい。）

(3) 経験・体験や遊びを通して学ぶ

　日常生活において乳幼児は日々様々なことを経験する。例えば，目の前のモノを取ろうとして腕を伸ばし，取ることができることもあれば・できないことも経験して，自分の腕が届く範囲や，そのモノの重さ・大きさ・感触を経験的に学ぶ。知的好奇心に満ちた乳幼児はさらに外界を積極的に探り，いろいろなモノをつかむ，一度に複数のモノを手に取る，蓋をする・はずすなど，次第にその物の特性に合った扱いをするようになる。さらに手先の器用さが増し，巧みになるにつれて物を介した遊びを展開していく。こうした過程は，自らの内発的な動機づけに基づく学びであり，創造性にもつながっていく。

　一方，１歳半を過ぎる頃になると排泄の訓練が「しつけ」として行われる。まず排泄に関する身体感覚を意識することが促され，排泄の仕方について適切に教えられるという外発的な動機づけによって開始される。そして最終的には自分でトイレに行きたいと内発的に動機づけられて行うようになる。

　生活習慣として獲得した行為や技能は，日常生活における遊びの展開を豊かに広げる。また，遊びには図6‒1に示されるように７つの機能があり，身体的・認知的・言語的・情動的学びからコミュニケーション・スキルや自己の発達を促す。こうして生活習慣の自立と遊びが循環しつつ発達していく。

(4) 人との関わりを通して学ぶ

①モデルを見て間接的に学ぶ

　子どもは，直接に経験するだけでなく，他者の行動などを見ることによっても間接的に学ぶ。バンデューラ（Bandura, 1965）は攻撃行動の多いビデオを見た幼児は，見ていない幼児に比べて攻撃行動が多いという実験結果から，直

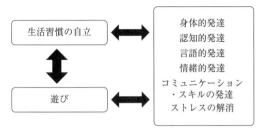

図6-1　生活習慣の自立と遊びの循環

接に経験しなくても学ぶことを示した。実際，保育者の手伝いをして褒められ
ている仲間を見て，手伝う行動が促進されることもある。つまり他児をモデル
としてその行動を身に付けるのである。逆に他児が大人に叱られるのを見て，
同じような行動はしない方がよいと学ぶ場合もある。日常生活においては，多
岐にわたる正負両面の行動を，モデルを見て学んでいる。

②仲間と一緒にすることで学ぶ―発達の最近接領域

　構成主義のピアジェは子どもが一人で知識を学ぶと考えたのに対して，社会
構成主義のヴィゴツキー（Vigotsky, 1978）は，人との関わりを重視し，子ど
もは人とのやりとりを通して知的に学ぶと考えた。すなわち，子どもは自分一
人で学ぶ場合よりも，人と一緒だとより難しい知識を学ぶことができると考え，
2つの発達水準を設定した。現時点で自分一人できる水準を「現在の発達水準」，
一人ではできなくても，保育者の援助や仲間と一緒に取り組むと可能となる水
準を「現時点での潜在的発達可能水準」，この2つの水準の差を「発達の最近
接領域」と呼んだ。図6-2の左半分が示すように，はじめは一人ではできなか
ったことが，保育者の援助や仲間と一緒に取り組んでできるようになると，次
に図6-2の右半分では，その水準が「新たな現在の発達水準」となり，その上
に「新たな発達の最近接領域」が生まれる。このように「発達の最近接領域」
を少しずつ高めていくことにより，子どもの知識や技能は拡大するとした。

　この発達の最近接領域に具体的に働きけることをウッドら（Wood et al.,
1976）は建設作業に例えて「足場かけ」と呼んだ。一人でできるようにヒント
やきっかけを与えることである。園では保育者が子どもたちの発達の最近接領
域を捉え，タイミングをみて適切な足場をかけ，できるようになったらその足

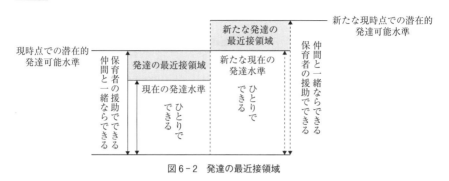

図6-2 発達の最近接領域

場をはずすことになる。

　例えば，レッジョ・エミリア市の保育は，プロジェクトと呼ばれる小集団による共同の探求活動を，保育者と美術の専門家が共同で支援し展開される。具体的には，子どもにとって魅力的なプロジェクトテーマ（例えば，影，体の動きなど）が提出されると，子どもはまずプロジェクトの計画をそれぞれ文字や絵で表現し，互いにコミュニケーションの道具として用いる。続けて子どもは仲間との共同でプロジェクトを展開する。問題に直面した時は，保育者のアドバイスなどにより解決していく。これは発達の最近接領域に足場をかけることである。保育者と美術の専門家は子どものプロジェクト活動に寄り添い，ビデオ，テープレコーダー，絵や文字でドキュメンテーション[*2]として記録する。このドキュメンテーションは放課後のスタッフの話し合いに用いられ，次の日の活動の方向付けを決めたりする。

　こうした活動には，ヴィゴツキーの理論のほか，認知的葛藤が学びの出発であるとするピアジェの影響も大きい。

(5) 活動に参加することを通して学ぶ

　人の認知過程は，その個人を取り巻く様々な環境との相互作用を通して初めて可能になるとする考えを，状況的認知という。こうした考え方は，私たちの現実生活における活動を理解するのに有力な理論を生みだしている。

＊2　一般には文書のこと。保育においては，子どもたちの活動の様子を写真や文章，コメントなどを見える形で呈示する記録のこと。イタリア発祥の幼児教育方法「レッジョ・エミリア・アプローチ」で最初に行われたが，最近では日本の保育現場でも注目を集め，その作成が広がりつつある。

①集団の一員となる―正統的周辺参加論

レイヴとウェンガー（Lave & Wenger, 1991）は，人が文化的共同体の実践に参加し，一人前の社会人として成長していく過程を正統的周辺参加と呼んだ。

つまり，人が何らかの文化的共同体の実践活動に参加し，最初はあくまで新参者であったのが，徐々にその共同体の古参者へと成長していく学びの過程と捉える。転園児が新しい園・クラスの行動様式を徐々に学び身に付け，クラスに溶け込み，クラスの一員となっていく過程である。このような学びでは，直接に教えるという行為がなされることは少なく，単なる知識・技能の習得過程でもなく，共同体の成員として「一人前になる」ための自己形成過程であるという特徴がある。

②エキスパート（熟達者）となる―認知的徒弟制

伝統的な徒弟制度における学習プロセスを基にしたモデルである。学び（学習）は社会的相互作用と知識の社会的構成によって進み，かつそれを通じて実践的な共同体への参加を深化させ，エキスパート（熟達者）となることが強調される。まさに職人の技術の学びであり，「生きた知識」の獲得である。園や学校などの共同体における学び（学習）の過程を説明する実践的モデルとも考えられよう。例えば，片づけや給食などの準備で一人一人の幼児がすることは，年齢が上がるにつれて増え複雑になり，その対象は自分の分だけでなく，クラス全体，園全体へと広がり，当番活動として役割を担っていくようになる。そうした役割をスクリプト*3として理解し，しっかり身に付け短時間でできるようになり，子どもなりに熟達していく。どのような領域においてエキスパートになるかにより，ユニークな個性にもなりえよう。

以上，子どもの学びの特徴とそれに関わる理論を述べてきたが，次に日常生活における学びの過程をみていこう。

2 節　乳幼児期の学びの過程と特性

乳幼児期の学びの過程がどのように展開するかを述べる前に，その基盤とな

＊3　時系列的な事象に関する一般的知識のこと。例えば，レストランで食事をする時の手順や，スーパーで買い物をする時の手順をさす。

る愛着についてまずみることにしよう。

1 ―― 愛着を基盤として

(1) 愛着・信頼関係の形成

　ボウルビィ（Bowlby, 1982）は進化の過程で，ヒトの乳児が「自分の生存を確保するために養育者の庇護を求める」という行動プログラムが遺伝子に組み込まれるようになったと考えた。それは乳児が養育者に安全や安心感を求めるという人間関係の最も中核的な機能のみをさし，母親が子どもの要求に応える感情や絆をもつことは，愛着の定義には含まれない。

　乳幼児が愛着を具体的に示す行動には，見つめたり目で追うなどの定位行動，発声や泣きなどの発信行動，近づきしがみつくなどの接近行動がある。また，子どもが抱く愛着の質には個人差があり，ストレンジ・シチュエーションという手続きにより，不安定型のＡタイプ（回避），Ｃタイプ（アンビバレント）に対して，安定型のＢタイプ（安定）の３種類に分類され，その後，不安定型のＤタイプ（無秩序型）が加えられて４分類されるようになった（詳細は第２章参照）。子どもが母親に安定した愛着を抱くようになるには，子どもが発するサインに，母親がタイミングよく，一貫した適切な対応を繰り返すことが大切である。

　子どもが日々の生活を通して多様な知識や技能を獲得していくには，このように身近な人との間で安定した愛着関係から信頼関係が結ばれることが基盤となる。

(2) 愛着を介して―社会的参照

　愛着を抱いた母親や保育者を安全基地として，ハイハイなどで移動ができるようになると，今まで見たことのないモノや出来事に遭遇し，どのように行動したらよいのかわからない状況に陥ることが多々生じる。そのような時に母親や保育者がニコニコしていれば安心して前へ進み，反対に恐怖の表情をしているならばその場にとどまったり，後ずさりしたりする。このように，子どもが愛着を抱いている人の表情を手がかりにして，自分自身の行動を決断することを社会的参照という。日常生活においては表情だけでなく，愛着を抱いた人の声の切迫した調子からも，子どもは自分に迫る危険を察知し避けることを学ぶ。

　愛着を基盤にして，さらに，子どもはどのようにまわりの世界，ともにある世界，独自の世界を学んでいくか，以下にみていく。

2──モノ（物）・自然と関わることから：まわりの世界の育ち

(1) 外界を知る
①身のまわりのモノ（物）を探る
　乳児期でのモノをなめる・もて遊ぶといった未分化な探索から，1歳を過ぎると一度に複数の物を扱い，物の特性にあった扱いをするようになり，その物の性質を知っていく。また，物一般から，特定の物という理解も進む。お気に入りの玩具を探すという行為は，「対象の永続性」を獲得することによって日常生活でみられるようになる。さらに目的をもって物を扱うようにもなっていく。

②自然を探る─触ってみて，見てみて，世話をしてみて
　子どもは自然をどのように知識として理解していくのだろうか。まず，子どもたちの様子をみてみよう。

> **事例1　ダンゴムシってどんなムシ？**
> 　登園すると園庭でのダンゴムシ探しをずっと続けている数人の子どもたち。3歳児は帰りの時間になって保育室に戻りクラス全体での集まりの時に，しゃがんで丸くなったり，転がってみたり，体を起こし両手を上に広げて伸び上がってみたりして，自分の身体を動かすことで，ダンゴムシの動きの特徴を感じとっていた。4歳児クラスでは，別の日の活動の中で，グループ毎にダンゴムシの入った器を前に，つっついたりしてダンゴムシの動きの変化を見ながら，クレヨンでダンゴムシの絵を描くことがなされていた。　　（観察記録より）

> **事例2　すごい雨が降ってきた！**
> 　突然，大粒の雨が降り出した。その雨粒の大きさや地面で跳ね返るしぶきに興奮する5歳児たち。激しい雨足で樋から勢いよくこぼれ落ちる雨の流れに目を見張り歓声をあげる子ども。雨を集めようとバケツを持ちだし，雨粒が落ちてくる先へと動き回る子ども。窓から腕を出し雨足の強さを肌で感じ確かめようとしている子ども。土砂降りの雨を，思い思いのやり方で感じとろうとしていた。　　（観察記録より）

　事例1，事例2にみられるように，子どもは自然に興味・関心があり，園庭

でムシを探したり，また，雨が降れば雨を，風が吹けば風を捉えて遊びに興じる。しかし，ムシが好きな子どももいれば，苦手な子どももいる。また，都会では子どもが土の上を歩いたり，土をいじったりする機会は少なくなっている。家庭で飼育や栽培経験のある子どもは，そうでない子どもよりも動植物の特徴について正しく理解しているという（Inagaki & Hatano, 1990）。園生活において，戸外での自然との触れ合いだけでなく，園庭や室内にどのように自然を取り入れていくか，その重要性は今日，特に増している。

(2) 見えないものを扱う

①イメージから想像・創造性へ

> **事例3　絵本を読む姿―2人の違い**
>
> 　F子：教育熱心なF子の母親は強制しないものの，F子が文字に興味をもつための環境作りに気を配ったという。その甲斐あって，F子は5歳のお誕生日を迎える前に，平仮名を読めるようになった。園では文字の少ない絵本を持ってきては，拾い読みに熱中する。覚えたばかりの記憶をたどりつつ，「む・か・し・む・か・し…」と1字1字を読むことに一生懸命である。最後の文字を読んだときには，鼻の頭にうっすら汗がにじんでいた。
>
> 　「うさちゃんはどこに行ったの？」と聞いてみた。「うーん」「うさちゃんのママは？」「わかんない」。文字を読むことに一生懸命で，内容は理解していないようだ。しかし，大事業に挑み，難事業をやり遂げたという誇りと満足感が，伝わってきた。
>
> 　C子：F子と同じ4歳だが，まだ字は読めない。でも，絵本が大好きでよく絵本を見ている。ページをめくる毎に，そこにはC子のイメージの世界が広がっていくようだ。
>
> 　「このうさちゃんの名前はミミちゃん。とってもおりこうさんなの」など。そこに描かれている絵から，縦横無尽に自分のイメージを膨らませ，思うままに物語を作り，登場人物と自分とを重ね合わせ，想像の世界に遊ぶような読み方である。
>
> 　　　　　　　　　　　　　　　　　　　　　　　（藤﨑ら，1998　p.96）

　事例3は，4歳児の絵本に向かう2人の姿である。そこには大きな違いはあるが，F子もC子も今，絵本に出会っている。どちらも絵本との大事な出会いである。しかし，そのいずれもが，大人の価値観で強制されての結果であった時，1つの側面の発達は促進されても，その裏で他の側面の発達が見逃されてしまう。子ども自らが選んだ読み方だからこそ，その読み方は尊重されなければならない（藤﨑ら，1998）。

　大人の対応や生活環境によっても，子どもの文字や数の理解，想像・創造性の育ちは影響される。子どもの主体的な活動を通して，文字や数に出会い，想像・創造性につながるように支えるには，子どもが遊びの中で何を学ぼうとしているかをつかんだ上で，保育者の意図が遊びの中に入り込んでいくように工夫することが大切である。

②他者の考えを理解する—心の理論

　「その時，相手はどのように思っているか」といった他者の心の状態を推測し，他者の行為を予測したり解釈したりする能力は「心の理論」と呼ばれる（Premack & Woodruff, 1978）。その後，子どもを対象にした研究として，「誤信念課題」が考案された（Wimmer & Perner, 1983）。図6-3に示される「サリーアン課題」では，サリーが知らないうちに，アンがボールを籠から箱に移動させるという物語を提示した後に，「サリーはもう一度ボールで遊ぼうと，

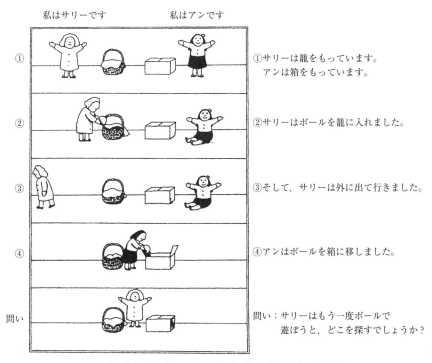

図6-3　誤信念課題（サリーアン課題）（Cox, 1991より一部修正）

どこを探すでしょうか？」と尋ねる。「ボールは籠にあると思い込んでいる」とサリーの誤信念を考えることができるかが問われている。心の理論の理解は，3・4歳から5・6歳の間に進み，5・6歳児の多くは，このような誤信念課題に正答することが示されている（Mizokawa & Koyasu, 2007）。

　心の理論が発達することによって，子どもの生活は豊かになると同時に複雑にもなっていく。ごっこ遊びでは，相手が何を考えているかを予測し共同して，創造的な遊びが展開し，長続きするようにもなる。また，ウソをつく行為の背景には，心の理論の理解がある。事実と異なる誤った信念を相手の心に生みだし，自分を守るためにウソをつくだけでなく，相手を気遣うウソをつくこともある。ウソをつく行為自体はネガティブな行為とみなされがちであるが，相手が考えていることを推測できるという認知的学びを遂げている証でもある。

3 ── 人と関わることから：ともにある世界の育ち

(1) 他者の気持ちを理解する
①共鳴から模倣へ
　一人の新生児が泣きだすと，同室の新生児に次々に伝染し泣きだすことがある。また，生後間もない新生児でも，モデルと同じような表情や動作を行うことも示されている。これらには「真似しよう」という意図がないことから共鳴動作（co-action）と呼ばれる。それに対して模倣（imitation）とは，他者の動きや表情，音声などを意図的に再現することである。1歳頃までは目の前にモデルがいることを必要とするが，1歳半頃になると過去に見た他者の動作を，別の場面で再現することができるようになる。それには能記（意味するもの＝過去の体験）と所記（意味されるもの＝別の場面で再現する）という記号的関係の理解が基礎にある。事例4では，3歳児が目の前の仲間のすることを模倣して，新たな方法を取り入れいく様子がみてとれる。模倣することは，学びの大事なステップなのである。

> **事例4　どうやってペットボトルに水を入れるの？**
>
> 　ペットボトルの水をかけて水車を回転させようとしている3歳児たち。どうやったら，ペットボトルに水をたくさん入れることができるのだろうか，と試行錯誤している。A男はすくってはみたが，口が小さくて少ししか水は入らな

い。水車もじきに止まってしまった。その傍らで、G子はペットボトルを水に沈ませている。ぶくぶくと泡を立てて水が入っていく。一杯になったところで水車にかけると速く回転し満足そうに笑った。その様子を見ていたA男はG子と同じやり方をすぐに試みだした。　　　　　　　　　　　（観察記録より）

②共感から他者への思いやり

　日常生活において子どもは様々な感情を抱き、2歳半を過ぎると自分の気持ちを言葉で表現するようになる（渡辺、2019）。そして、共感とは、相手の感情を捉え、その感情を共有することである。それには、表情の弁別や表情が意味する感情を理解していることが前提であり、3歳頃から発達する（藤﨑・上原、1990）。また、向社会的行動とは、他の人が困っている時、自分もその人の気持ちを感じとり、そして援助すること、つまり他の人への思いやり行動をさす。それはあくまで自発的動機に基づく行動であり、共感は向社会的行動を動機づける重要な要因であるといわれる（浜崎、1985）。向社会的行動は事例5にあるように、玩具を取られて泣いている仲間に、自分が使っているものを譲る、といった行為として保育場面ではしばしばみられる。向社会的行動は内発的動機づけによる行為ではあるが、子どもがそのような行動をしたタイミングを捉えて、保育者が褒めると、周囲でみている子どもたちも、他者を思いやる行為を意識的に学ぶことになる。

> **事例5　3歳児の思いやり**
>
> 　K男とM男は木製の電車を線路の上に並べているうちに、1つの電車の取り合いとなってしまった。体の大きいK男はM男を押さえつけ電車を取ってしまうと、M男は大声をあげて泣きだした。近くで電車を並べていたD男は、2人の様子を見て、自分が並べていた電車の1つを持ってM男に近づき床に置いた。D男の行動を捉えて、保育者は「ほら、M男ちゃん、D男ちゃんが電車使っていいよって！　ありがとうって」と言う。M男はその電車を手にして「ありがと」と泣きながら言い、再びK男と遊び始めた。（観察記録より）

(2) 他者（仲間）との協同から共同性

　「幼稚園教育要領」「保育所保育指針」「幼保連携型認定こども園教育・保育要領」によると、「協同性」とは、"友だちと関わる中で、互いの思いや考えなどを共有し、共通の目的の実現に向けて、考えたり、工夫したり、協力したり、

充実感をもってやり遂げるようになる"と示されている（文部科学省，2017；厚生労働省，2017；内閣府・文部科学省・厚生労働省，2017）。遊びの中で仲間と言葉のやりとりをすることで，イメージを共有し，「○○ごっこをしよう」「一緒に○○に行ってみよう」といった共通の目的をもつことができる。また，仲間とのやりとりをしていくと，自分と違う考え方に出会うこともあるが，異なる考え方を擦り合わせ，話し合いをしながら調整して決定していくことも大切な経験である。

事例6　天井まで高く積み上げよう！

　5歳の3学期に入って間もなく，男児のグループが，遊戯室の大積み木を高く積み上げることに熱中し始めた。高くするために長方形の積み木を立てて板を渡すやり方は，担任保育者をハラハラさせる。それゆえ担任保育者は遊戯室に時々足を運んでは，積み方に危険がないかをみたり，子どもたちにも気をつけるように注意を促したりしていた。遊戯室に近いクラスの保育者も，時折みては危険のないように注意していた。

　だんだん高く積み上げる様子から，他のクラスの保育者に「止めた方がいいのではないですか」とまで担任保育者は言われる。しかし，担任保育者は子どもたちのあまりの熱中ぶりに，そこで止めてしまうことをためらった。観察記録を取りにきていた筆者は，彼らが注意深く慎重に積み木などを積み上げていることを伝えた。担任保育者は不安に耐えながら，もう少し辛抱することにした。そして，その日は片づけの時間になった。すると，彼らは気持ちを切り替えて，短時間で片づけた。

　翌日も朝早くに登園した子どもたちは遊戯室に飛んでいった。そして，できあがった大積み木の構築物は，4層に積まれ，その高さは天井近くまでそびえていた。しかも3層目には跳び箱が置かれていたのである。この重い跳び箱をどのようにしてこの高さまで持ち上げたのだろうか。子どもたちが大変な努力と集中力で取り組んだことが伺えた。

　いずれ片づけられ，姿を消してしまうこの力作の前で写真を撮ることで，担任保育者は彼らの努力をたたえた。

（観察記録：守永・保育を考える会，2001，Pp. 207-209）

　事例6は，仲間と協力し合い大きな構造物を作りあげた5歳児の姿である。保育者をハラハラさせたこの危険と隣り合わせの活動は短期間で終わったことから，子どもたちにとっても緊張と努力を必要とするものだったと推察される。保育者が子どもたちの育ちを捉え，信頼し，ギリギリまで耐えたからこそ，子どもたちは共同での活動の達成感・充実感を十分に体験することができた思わ

れる。このような子ども同士の共同性が発揮された背景には，それまでに保育者と子どもとの間で培われてきた関係性がある。また，そうした関係性が基盤にあるからこそ，保育者はそこまで危険を引き受ける覚悟をしたともいえよう。

4 ── 自分に向き合うことから：独自の世界の育ち

(1) 他者との中で自分に気づく

　1歳半を過ぎると自分の名前を呼ばれてハイと返事をし，自分の物と仲間の物がわかるようになる。3歳頃には自分の性別を認識し，さらに半年ほど遅れて，自分の性別に合った言葉遣いをするようにもなる（森田，1982）。ごっこ遊びでの役割の選択や行動は，一人一人の子どもが自分自身に目を向け，自分を知っていく機会であると同時に，仲間からどのように捉えられているかを知る機会ともなり，自分を捉える視点が広がっていく。

　また，自分の特徴に気づくには3つの方策があるといわれる。自分と他者を比べて気づく「社会的比較」，自分で気づく「自己観察」，人に言われて気づく「社会的フィードバック」である。幼児では自己観察が多く，自分のことは自分で気づくと捉えているようだ（Schoneman et al., 1984）。自他を比べる社会的比較もみられるが，それは「同じ。同じ」と仲間との類似性を確認して友好な関係を維持したり，「どうやるのか」を仲間のやり方をみて技能を習得したり，あるいは「どのように行動しているのか」仲間の行動の仕方をみてその場での適切な行動を知る規範の習得を目指して行われることが多い（高田，2011）。いずれにしても，幼児なりに自己観察や社会的比較によって自分の特徴や技能に気づき，道徳性も芽生えていくとみられる。日常生活において周囲の大人は，子どもが自ら自分に気づいていく過程を見守り待つことも大切である。

　さらに，自分の行為や計画，活動を認識の対象とし，意識化して，客観的に把握することはメタ認知と呼ばれる。目標を達成するために現在の自分の状態を監視・調整するモニタリングや，モニタリングに伴う感情体験などが含まれる。こうしたメタ認知は4歳頃から著しく発達し，園や学校で過去の出来事を順序立てて話したり，忘れ物をせずに帰り支度ができたりするなど，プランにそった認知や行動を可能にする条件の1つである。

(2)　トラブルを通して自分に気づく

　園生活において生じるトラブルの原因は，物の取り合いだったり，遊びのイメージが仲間と異なったり，善悪の判断で意見の食い違いがあったりなど，年齢によっても様々である。こうしたトラブルは，しつけの観点からするとネガティブに捉えられ，大人は制止する行動をとりがちである。しかし，見方を換えれば，トラブル場面は自己主張のぶつかり合いともいえる。すなわち，一人一人の子どもが，けんかをしてまで大事にしたかった自分のこだわりに気づいたからこそ主張し，自分の気持ちの動きを素直に表現しているとも考えられる。

　真の意味での自己主張は，相手の考えをしっかり聞き，さらに自分のやりたいこと，自分の考えをはっきり相手に表現し，その上で両者がどのように歩み寄り調整していくかを学ぶ機会である。したがって，トラブルを避けるのではなく，様々なトラブルを経験する中で，真の自己主張を学んでいくことに意味がある。年少児のトラブルの解決には，何らかの保育者の関わりを必要とすることが多い一方，年長になると自分たちでトラブルを回避したり，解消したり，解決することもできるようになる。年齢に応じて，その時々のトラブルに保育者が関わってこそ，子どもは自己をコントロールして問題に対処しようとする自己回復や相手への関心や思いを知って共生することを体験できる。また，トラブル場面での様々な解決方法や保育者の願いや思いといった価値観，人と一緒に生活していくための規範などを学んでいく（友定ら，2009）。

　相手の何を傷つけたのか，物なのか，心なのかを保育者は見極め，褒めることを基調とした関わりの中で，何を大切にしているかをはっきりと表現し伝えていくいくことも時によっては必要である。さらに，保育者がトラブルにどのように関わるかは，トラブルの当事者だけでなく，その場に居合わせた子どもたちも，保育者の思いや価値観を学んでいるのである。

(3)　コンピテンスから自己肯定感を抱く

　乳児は能動的存在であるゆえに，環境に働きかけて自らの有能さを追求しようとする「動機づけ」を含む概念を，ホワイト（White, 1959）はコンピテンス（competence）とした。したがって乳幼児の有能さとは，環境に対してある満足のいく変化をもたらすことができたという喜び（有能感）が，子どもの探索行動を動機づけていると考えられる。そして子どもが抱くコンピテンスを捉え

るには；幼児にとって重要な生活領域である母親や仲間からの受容感と認知や運動といった能力面に関する自己評価を指標として検討された（Harter & Pike, 1984）。さらに，短所や苦手なことも含めて，子どもがトータルの自分をどのように捉えているかは，コンピテンスの自己評価だけでなく，受容感や能力をどの程度重要と思っているかも把握し，その両者のズレなどから，幼児なりの自己肯定感として読み取ることができる（Harter, 1987；藤﨑，2015）。

　園生活において，仲間とのトラブルを通して何を体験するかは，子どもが抱くコンピテンスや自己肯定感に少なからぬ影響を及ぼしていく。コンピテンスへの欲求は自律性への欲求，関係性への欲求と並んで重視され，これらの欲求が同時に満たされる条件のもとで，子どもはより意欲的になると考えられる。

節　乳幼児期の学びを支える保育

1 ——学びを生みだす環境

　これまで述べてきたように，乳幼児は能動的な存在であるが，子どもを取り巻く生活環境そのものが，子どもの行動や活動にどのような影響を及ぼしているか，次にみていこう。

（1）主体的な活動を呼び起こす物理的環境

　園舎や園庭が回遊できる構造は，子どもの心を解放し，自ら走りまわったりすることを呼び起こす。狭い廊下は，ゆっくりソロソロと歩くことを，広い廊下や高い天井は，走りだしたり飛び跳ねたりする欲求を駆り立てる。また子どものパーソナルスペース（個人空間）*4は小さく，お互いに接近して過ごすことを好むこともあり，デンと呼ばれる狭い「隠れ家」的な部屋では，子どもたちは体をピッタリ寄せ合い，様々な想像を思い巡らしている様子がしばしば見られる。このように環境世界の意味や価値は，人間の心の動きによって与えられるのではなく，環境世界が私たちに提供する（アフォードする）と考えられる（Gibson, 1979）。

＊4　身体の周囲に広がり，他人が近づくと不安を感じる空間のこと。様々な要因，例えば性別，年齢，性格，相手によるほか，文化の影響を受けて，その大きさは伸縮する。

　また，音環境には，身のまわりの音に加えて，音楽やそれを構成する音素材が含まれる。身のまわりの音とは，自然の音，機械音や人の営みによって生まれる生活音，人の声など，モノの音や人が作りだす音である。生活しながら身のまわりの音を感受している子どもにとって心地よい音とは，穏やかで，優しくて，力強い音である。機械的で無機質な音よりも，ぬくもりと命のこもった有機的な音声，生命感のある音質に囲まれることが，子どもの主体的活動を支える（吉永，2014）。

　子どもは5感を通して物理的環境を捉える。今日的状況や子どもの発達を踏まえ，しかも物理的構造上の制約を逆に活かした生活環境を生みだすことが，保育者には求められる。

(2) 人とのつながりを生みだす環境

　園舎や保育室では，静かな活動のための静的空間と，活発な活動のための動的空間が子どもの動線を考慮して適切に配置されてこそ，子どもの様々な活動は支えられる。「一人で」絵本を読んだり，製作に取り組んだりすることから，平行遊び[*5]であっても「仲間と一緒にいる」ことを感じ，さらに「一緒にする」ように，子どもの視野に入る周囲の状況を対応させていく必要がある。

　自由に取り出し使える遊具・文具や，自分専用の物や道具を持つようにする一方，数が限られた道具や遊具をおくことで，必然的に子ども同士のやりとりが生じ，トラブルとなることがあっても順番を待つこと，譲り合うことなどを子どもは学ぶ。また，ままごと遊びでは素材や小道具を，その場の近くに広げておくことで，子どものイメージが膨らみ，見通しをもって，アイデアを出し合い，遊びが発展するようにもなる。その様子を見ていた子どもが新たに加わり，より豊かなごっこ遊びとなることもあるだろう。

　そして2種の楽しさ，すなわち，一人での楽しさ（自分で発見する，自分で想像・創造する，自分で工夫する，自分で達成するなど）と，ともにある楽しさ（一緒にいる，一緒にする，一緒に工夫する，一緒に達成する，人の役に立つ，人に認められるなど）を体験し，2つの楽しさを自由に行き来できるようになることが，前述のメイのいう3つの世界を同時に生きることでもある。

[*5]　他児と同じ場所で遊びながら，それぞれが自分のやりたいことを行い，言葉や行動等による相互のやりとりはみられないこと。

2──保育者の援助

　子どもが主体的・対話的で深い学びを遂げていくには，どのような保育者の援助があるのか，必要なのかについて，次にみていこう。

(1) 一人一人の子どもの背景を理解する

　ブロンフェンブレンナー（Bronfenbrenner, 1979; 1994）は，人の生活する背景には5つの生態学的システムがあるという。すなわち，一人一人の子どもが直接属している家庭や保育所・幼稚園といったマイクロ・システム，次に家庭と保育所・幼稚園などのマイクロ・システム間の関係であるメゾ・システム，間接的に子どもの経験に影響を及ぼす保護者の職業や職場の人間関係といったエクソ・システム，それら3つのシステムを取り巻く制度や日本文化などのマクロ・システム，そして5つ目はきょうだいの誕生や就園・就学，転居などの時間経過によるこれら4つのシステムの変化を示すクロノ・システムである（図6-4参照）。

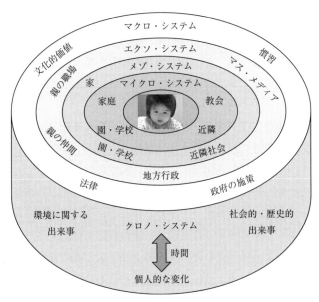

図6-4　ブロンフェンブレンナーが考えるシステムとしての環境
（Lightfoot et al., 2018より作成）

　一人一人の子どもを理解するために，これらのシステムを把握し，日々の園生活でみられる子どもの行動には，どのような生態学的背景があるのかを，保護者との何気ない会話から探るようにしたい。

（2）子どもの発達に合った活動を支える

①発達の最近接領域の活動を準備する―足場かけ，足場はずし

　子どもの発達に即して，驚きや発見を体験することができ，さらに自信や自己肯定感につながる活動を準備することである。園生活において，一人一人の子どもの発達の最近接領域は生活場面でも散りばめられている。2歳児ではTシャツを着るとき・脱ぐとき，どこまで一人でできるか，どのようにすれば一人でできるか，を捉えて具体的に援助する。ボタンを外しておく，そのまま頭と手を通せばよい向きにTシャツを子どもの前に置く，といった具合である。また，年長児の竹馬遊びでは，竹馬に乗って歩き，走るのを楽しむようになる過程の，どこまで一人でできるかを捉えて，どのように支えれば一人でできるようになるか，一人一人への援助を探り，子ども同士で支え合ったり，教え合ったりするように配慮する。

　そして，何かができるようになることだけでなく，目の輝きや表情などの取り組む姿勢の小さな変化を保育者は捉え，認め，褒め，励ます。また，一人でできるようになったならば，そのこと自体を楽しむ場と時間をもつように心がける。これは獲得できたかどうかという結果に注目しがちな保護者とは異なり，保育者の専門性に基づく視点である。

②わかりやすいように工夫する―学ぶプロセスの見える化

　子どもの認知的発達の様相を捉えて，活動のプロセスを1つひとつ口頭で言うだけでなく，活動の流れを図示するなど，視覚的に提示することも1つの方策である。トイレで排泄する，手を洗って給食の用意をする，歯を磨くなど，それぞれの一連の流れをスクリプトとしてみえるようにする。また子どもは繰り返すことによって学んでいくゆえに，一連の行動を指示する際には，途中で変更したりしないように注意したい。その上で，子どもの理解の状態をみて，口頭での指示のみで動けるように，さらには主体的に動けるように援助を減らしていくこと，つまり足場のはずし方，足場をはずすタイミングを判断していくことになる。

(3) 仲間同士の学び合いを支える―主体的・対話的，そして深い学びへ

　一人一人の子どもが見通しをもちながら自分のやりたいことを主体的に取り組むこと。保育者や仲間とやりとりしながら真の自己主張による対話によって活動を広げること。そして，諸々の体験から物事の特徴を理解し，それを活かし，試行錯誤しながらも工夫することで，さらに活動を展開させ学びをより深めること。これが主体的・対話的で深い学びである。

　子どもの象徴能力の発達に伴いいろいろなイメージが膨らんでいくにしても，自分の描くイメージを言葉で詳しく仲間に伝えることはなかなか難しい。子どもの発話を補い文法的に正しい文として返す拡充模倣や，子どもの提供したトピックに意味的に関連したコメントを加える拡張模倣などによって，保育者は子どもの思いを理解し，仲間につなぎ支える。

　そして，一人一人の子どもの姿と状況を捉えて，見守る時，一緒にする時，ちょっとプッシュする時を見極める。こうした保育者の態度・姿勢が，子どもの心を開き，子どもとの関係が結ばれ，行動や言葉を介した子どもとの，子ども同士の対話が開かれていく。見守ることも含めて保育者と子どもとの関わりは瞬間的でもあり，縦断的でもあり，創造的でもある。今，その時を逃さないように，また，長い目でみて，一人一人の子どもの変化を子ども同士でも気づき合い，認め合うように配慮したい。

事例7　ジェットコースターを作ろう！（5歳児）

　遊園地へ行った後，遊園地作りが始まり，ジェットコースターを作りたいと子どもたちが集まった。

　まず，段ボール箱で乗り物を作り，その次に「線路をどうしよう？」ということになった。以前，大型の平らな板を使って車を走らせた時の経験から，車の走る方向が曲がってしまうので危ないという話となった。そこで，巧技台と数本のビーム（一本橋）を使って，傾斜のついた線路のようなものを作っていった。できるとまず，無人の段ボール箱の車を走らせた。すると，キャスターの部分が落ちてしまうことを発見。

　「やっぱり，だめか…」とR。

　「じゃあ，ビームの代わりに，はしごを使ったらどうかな？」とK。

　すぐに，はしごに架けかえた。そして，再チャレンジ。

　「はしごじゃ，ガタガタするよ！」とS。

　「積み木の板は？」とH。

　今度は，はしごの上に積み木の板を並べ，車が滑りやすいようにも工夫した。

積み木の板を動かないように止めるのにガムテープを貼っていく。とにかく，はずれないようにガムテープをベタベタ貼っていった。線路らしきものが出来，再々チャレンジ。
　結果はというと，どうにか走るものの，スピードが出ず，止まってしまう。1日，試行錯誤を繰り返した。見守ってきた保育者は，ここまでよく考えてがんばっているし，できたものを活かしながら，実現できるようにしていきたい，と思っていた。
　次の日，子どもたちは，なんと一日がかりで考えて作った線路のガムテープを，おし気もなく全部はがしていく。そして，もう一度，やり直す。今度は，必要以上にガムテープを貼ることはせず，スムーズに車が動くようにと配慮して貼っていく。前日の試行錯誤をした時間に比べれば何分の一の時間。あっという間に作ってしまった。

（有賀・子どもと保育総合研究所，2003，Pp. 79-80　一部修正）

　事例7は，5歳児が園外保育で遊園地に行った後，ジェットコースターを作っていく過程での子ども同士のやりとりと，それを見守る保育者の思いである。まず段ボールの箱を車に見立て，次に線路を何で作るか，さらに，線路の上を走らせるにはどうしたらよいか，これまでの園での経験を活かし，次々にイメージを膨らませ，アイデアを出し合い，形にしては試みる試行錯誤が繰り返された。

　じっくり時間をかけて1日試みたが思うような結果が得られなかった。そして，自分たちで試行錯誤したからこそうまくいかなかった原因に気づき，翌日にはガムテープの貼り方を変えて，一気にやり遂げた。

　自分たちで考えながらの試行錯誤に時間をかけることが，いかに大切であるか，保育者は改めて実感したのである。大人からすると，無駄なような動きにみえても，子どもたちが経験していることは，見えているもの以上に大きく，そして深い。

(4) 保育者がモデルとなってレジリエンスを育み支える

　保育者は主要な人的環境であり，保育者のパーソナリティ，価値観，保育観は子どもとの関わりの基盤である。子どもは周囲の人々の行動や態度に敏感であり，日々触れ合っている保育者のありよう全てが子どものモデルとなる。

　そこでまず，保育者がビビットに生きることを心がけたい。保育者自身も生涯発達の途上にある。一人の人間として，自分自身の生態学的システムを振り

返ってみてはどうだろうか。自身の子どもとの関わりに，どのような生態学的な背景があるのかを見つめることは，子どもの生態学的背景を探る手がかりにもなると思われる。

　また，いつも正しく判断し行動する完璧な人間などはいない。大人でも悩んだり，葛藤したり，失敗することもあるが，考え，葛藤を調整し，努力して，失敗を乗り越えようとする存在であることを，保育者がモデルとして示すことも大切である。子どもを前にして，保育者が自身の失敗を取り繕い，隠そうとするのではなく，ありのままの姿を示す。子どもはそのような保育者の姿を通して，考え，努力し，葛藤を調整し，失敗を乗り越えることを学んでいくといえよう。

　様々な困難な状況に対して臨機応変にうまく対応する弾力性（レジリエンス）は，たくましい性格といった個人の要因だけでなく，環境の要因としてキーパーソンの存在が指摘されている（Werner & Smith, 1992）。それは，特定の大人との親しい関係や，思いやりのある大人と地域社会で出会うことである。保育所，幼稚園，認定こども園での保育者との出会いは，生活や活動を通して，まさに子どものレジリエンスの育ちを支えることにつながっていく。

　レジリエンスを育むためには，トラブルを全て解決するのではなく，トラブルを通して，具体的にどのような成長を遂げることを目指して対応するかを考えることである。意味のない謝罪は，次につながらない。絶対によい対応，正しい保育というものもない。この場では，どのような解決をゴールとするかを考えることが大切である。そして，保育経験を積み重ねることによっていろいろとみえてくるものはあるにしても，保育者としての経験が少ないゆえにみえること，対応できることもある。

　したがって，常に眼前の子どもを理解することに，全神経を集中させて保育に臨むことは，時代を超えて保育者に求められる基本姿勢であり，保育の原点であるといえる。

研究課題

1. 子どもが遊んでいる場面を観察し，その遊びの中で，どのような学びが展開しているの

か，学びの理論と関連づけて整理してみよう。
2．子どもがウソをつくのは，どのような時だろうか。具体的な子どものウソを例にあげ，ウソをつくことの認知的背景，及び保育者の対応について，考えてみよう。
3．現在のあなた自身の生活を振り返り，ブロンフェンブレンナーのマイクロ・システムを具体的にあげてみよう。また，今から5年前，5年後のマイクロ・システムはどのようであったか，あるいはどのようになっているのが望ましいか，考えてみよう。

Book 推薦図書 ──────────────────────────────

● 『乳幼児は世界をどう理解しているか─実験で読みとく赤ちゃんと幼児の心』　外山紀子・中島伸子　新曜社
● 『じぶんで考え　じぶんで話せる　こどもを育てる哲学レッスン』　河野哲也　河出書房新社
● 『嘘の心理学』　村井潤一郎（編）　ナカニシヤ出版

Column 6

堀合文子のことばから保育実践を学ぶ

　堀合文子（1921-2021）は，倉橋惣三の教えを受け，1940年から40年以上にわたり，お茶の水女子大学附属幼稚園に勤務。退官後は十文字幼稚園の主事として子どもたちとの生活に生涯を通して全力投球された。保育のマニュアル化が進む中で，堀合のことばには時代を超えた保育実践の基本を読み取ることができる。

保育者の眼　：前を見ていても，
　　　　　　　横の子どもの体の動きが
　　　　　　　見えるのです
　　　　　　　後ろの子どもの心の動きが
　　　　　　　見えるのです
　　　　　　　　そうでしょう
　　　　　　　その神経の使い方が，
　　　　　　　保育者なのです　　　　　　　　　　（Pp. 16）

耐える　　　：今のお子さんは，
　　　　　　　「耐える」ということを知りません
　　　　　　　何をしても，「ああ，疲れた」と言って
　　　　　　　我慢することをしません
　　　　　　　あなたが「耐える人」になってください
　　　　　　　お子さんは，あなたを見ています
　　　　　　　あなたの姿を見てとって
　　　　　　　まねているのです　　　　　　　　　（Pp. 33）

変わらないもの：「あら，だめよ」「あら，上手ね」
　　　　　　　口先ばかり動かしても通じません
　　　　　　　年々，お子さんは変わっていきます
　　　　　　　その中で変わらないものは
　　　　　　　あなたの心です
　　　　　　　心しか，お子さんとの会話はできません
　　　　　　　心しか，お子さんをひきつけるものはありません
　　　　　　　ほめるときも，おこるときも
　　　　　　　あなたの心を揺さぶってください　　　（Pp. 37）

（内田，1998）

引用（参考）文献

● Column 1
仁木和久　2004　行動の学習と海馬　子どもと発育発達，2，176-181.

■第2章
Ainsworth, M. D. S., Blehar, M. C., Water, E., & Wall, S.　1978　*The patterns of attachment: A psychological study of the Strange Sitiuation*. Erlbaum.
Ainsworth, M. D. S., & Eichberg, C. G.　1991　Effects on infant-mother attachment of mother's unresolved loss of an attachment figure or other traumatic experience.　In C. M. Paekes, J. Stevenson-Hinde., & P. Marrie (Eds.), *Attachment across the life cycle*. Routledge. Pp. 160-183.
朝生あけみ・斉藤こずゑ・荻野美佐子　1991　0～1歳児クラスのいざこざにおける保母の介入の変化　山形大学紀要（教育科学），10(2)，99-110.
Bowlby, J　1982　*Attachment and loss. Vol. 1 Attachment. Basic.* (Revised ed).　黒田実郎・大羽蓁・岡田洋子・黒田聖一（訳）1991　母子関係の理論 I　愛着行動　岩崎学術出版社
遠藤利彦　2017　北川恵・工藤晋平（編著）アタッチメントに基づく評価と支援　第1章　生涯にわたるアタッチメント　誠信書房　Pp. 2-27.
Goossens, F. A & Ijzendoorn, M. H　1990　Quality of infants' attachments to professional caregivers: Relation to infant-parent attachment and day-care characteristics.　*Child Developmant*, 61, 832-837.
本郷一夫・杉山弘子・玉井真理子　1991　子ども間のトラブルに対する保母の働きかけの効果　―保育所における1～2歳児の物をめぐるトラブルについて―　発達心理学研究，1(2)，107-115.
伊藤順子・丸山（山本）愛子・山崎昇　1999　幼児の自己制御認知タイプと向社会的行動との関連　教育心理学研究，47，160-169.
岩田美保　2019　幼児期の親密な仲間間の「おもしろい」・「楽しい」の感情言及機能：その関係構築に果たす役割に着目した発達的検討　30(19)，44-56.
柏木恵子　1988　幼児期のおける「自己」の発達　行動の自己制御機能を中心に　東京大学出版会
数井みゆき　2005　アタッチメント　生涯にわたる絆　数井みゆき・遠藤利彦（編著）第5章　保育者と教師に対するアタッチメント　ミネルヴァ書房　Pp. 114-126.
Kinoshita, Y., Saito, K., & Matsunaga, A.　1993　Developmetal change in antecedenta and outcomes of peer conflict among preschool children: A longitudinal study.　*Japanese Psychological Research*, 35(2), 57-67.
久保ゆかり　1996　幼児における入り混じった感情の発現　東洋大学社会学部紀要，33(2)，5-14.
Lews, M　2008　The emergence of human emotions.　In M, Lewis., J. M. Haviland-Jones., & L. F. Barret. *Handbook of Emtions. Third Edition.* The Guilford Press. Pp. 304-319.
Main, M., & Solomon, J.　1990　Procedures for identifying infant's as disorganized / disoriented during the Ainsworth Strange Situation. In M. T. Greengerg, D. Cicchetti., & E. M. Cummings (Eds.), *Attachment in the preschool years.* University of Chicago Press. Pp. 121-160.
松永あけみ　2005　幼児期における他者の内的特性理解の発達　風間書房
松永あけみ　2008　幼児期における自己制御機能（自己主張・自己抑制）の発達―親および教師による評定の縦断データの分析を通して―　群馬大学教育学部紀要　人文・社会科学編，57，169-181.
松永（朝生）あけみ・斉藤こずゑ・荻野美佐子　1993　保育園の0～1歳児クラスの子ども同士のいざこざにおける社会的能力の発達　山形大学紀要（教育科学），10(4)，67-80.
長濱成未・高井直美　2011　物の取り合い場面における幼児の自己調整機能の発達　発達心理学研究，22(3)，251-260.
OECD　2015　Fostering Social and Emotional Skill Through Families, Schools and Communities.　池迫浩子・宮本晃司　ベネッセ教育総合研究所（訳）2015　家庭，学校，地域社会における社会情動的スキルの育成　国際的エビデンスのまとめと日本の教育実践・研究に対する示唆　ベネッセ教育総合研究所
園田菜摘・北村琴美・遠藤利彦　2005　アタッチメント　生涯にわたる絆　数井みゆき・遠藤利彦（編著）第4章　乳幼児期・児童期におけるアタッチメントの広がりと連続性　ミネルヴァ書房　Pp. 80-113.

● Column 2
小林真・板倉佳代・米崎瑛美・稲垣恵美子・神川瑞子　2018　動物飼育体験の教育効果（2）―ウサギの飼育を通して子どもが体験すること―　富山大学人間発達科学研究実践総合センター紀要　教育実践研究　No. 13，95-

104.

Melson, G. F. 2001 *Why the wild things are animals in the lives of children.*: Harvard University Press. 横山章光・加藤謙介（監訳）2007 動物と子どもの関係学 発達心理からみた動物の意味 ビイング・ネット・プレス

森下正康・小林美月 2014 家族のペット飼育態度が子どもの飼育態度や共感性・向社会的行動に与える影響 京都女子大学発達教育学部紀要（**10**）, 93-102.

中島由佳・中川美穂子・無藤隆 2011 学校での動物飼育の適切さが児童の心理的発達に与える影響 日本獣医師会雑誌＝ *Journal of the Japan Veterinary Medical Association*, 64(3), 227-2333.

塗師斌 2002 ペット飼育経験が共感性の発達に及ぼす影響―ペットの種別に見た場合― 横浜国立大学教育人間科学部紀要．I，教育科学，4，27-34.

谷田創・木場有紀 2004 幼稚園における動物飼育の現状と動物介在教育の可能性 日本獣医師会雑誌＝ *Journal of the Japan Veterinary Medical Association*, 57(9), 543-548.

山下久美・首藤敏元 2005 幼稚園・保育園の動物飼育状況と飼育体験効果に関する研究展望 埼玉大学教育学部附属教育実践総合センター紀要（4），177-188.

■第3章

アクティブヘルシーキッズジャパン 2020 子供の心身が元気であるためには，いったい毎日…テレビを見たり，ゲームをする時間はどの程度が良いの？睡眠時間は，どのくらい必要なの？
　http://activekids.jp/wp-content/uploads/2020/04/24-h-movement-guidelines.pdf

遠城寺宗徳 2009 遠城寺式・乳幼児分析的発達検査法―九州大学小児科改訂新装版 慶應義塾大学出版会

石沢順子・松嵜洋子・無藤隆 2017 保育園における活動内容と身体活動量の検討 日本保育学会第70回大会発表要旨集 755.

加納亜紀・高橋香代・片岡直樹・清野佳紀 2009 幼児期のテレビ・ビデオ視聴と養育環境の関連 小児保健研究，**68**(5)，549-558.

春日晃章 2009 幼児期における体力差の縦断的推移：3年間の追跡データに基づいて発育発達研究，**41**，17-27.

国立スポーツ科学センター 2014 成長期女性アスリート指導者のためのハンドブック p.6.
　https://www.jpnsport.go.jp/jiss/tabid/1112/Default.aspx

厚生労働省 2011 平成22年乳幼児身体発育調査の概況について
　https://www.mhlw.go.jp/stf/houdou/0000042861.html

栗谷とし子・吉田由美 2008 幼児のテレビ・ビデオ視聴時間，ゲーム時間と生活実態との関連 小児保健研究，**72**，72-80.

内閣府 2019 平成30年度 青少年のインターネット利用環境実態調査 第3章 低年齢層の子供の保護者調査の結果 第2節 インターネットに関する子供・保護者の認識
　https://www8.cao.go.jp/youth/youth-harm/chousa/h30/jittai-html/2_3_2.html

宮下充正 1980 子どものからだ 東京大学出版会

文部科学省 2011 体力向上の基礎を培うための幼児期における実践活動の在り方に関する調査研究報告書
　https://www.mext.go.jp/a_menu/sports/youjiki/index.htm

中村和彦・武長理栄・川路昌寛・川添公仁・篠原俊明・山本敏之・山縣然太朗・宮丸凱史 2011 観察的評価法による幼児の基本的動作様式の発達 発育発達研究，**51**，1-18

大木薫・稲山貴代・坂本元子 2003 幼児の肥満要因と母親の食意識・食行動の関連について 栄養学雑誌，**61**(5)，289-298.

坂上裕子・金丸智美 2017 母子遊びにおいて観察された未就園2歳児の基本的動きの経年変化―2004・2005年度と2010・2011年度の比較― 保育学研究，**55**(1)，19-30.

白木まさ子・丸井英二 2005 幼児期における親子の体型の類似性と生活習慣に関する研究 栄養学雑誌，**63**(6)，329-337.

総務省情報通信政策研究所 2015 未就学児等のICT利活用に係る保護者の意識に関する調査報告書概要版
　https://www.soumu.go.jp/iicp/chousakenkyu/data/research/survey/telecom/2014/2014children-ict.pdf

Gallahue, D. L. 1993 *Developmental Physical Education for Today's Children.* Brown & Benchmark. 杉原隆（監訳）1999 幼少年期の体育 大修館書店

杉原隆・吉田伊津美・森司朗・中本浩揮・筒井清次郎・鈴木康弘・近藤充夫 2011 幼児の運動能力と基礎的運動

パターンとの関係　体育の科学，**61**(6)，455-461.
高橋道子・藤﨑眞知代・仲真紀子・野田幸江　1993　子どもの発達心理学　新曜社
幼児期運動指針策定委員会　2013　幼児期運動指針ガイドブック　サンライフ企画

■第4章
秋田喜代美　2013　子どもの「遊び」をはぐくむ保育者：育ちを見通した「学び」の多様性　CRN活動レポート2013─ECEC研究と東アジア子ども学交流プログラム報告書─　第2回ECEC研究会　遊びと学びの子ども学 ─Playful Pedagogy─　Pp. 030-033.
https://www.blog.crn.or.jp/about/pdf/2013_chapter2.pdf（2020年9月28日閲覧）
青井倫子　2015　幼児期にふさわしい教育の方法　小田豊・青井倫子（編著）幼児教育の方法（新保育ライブラリ）北大路書房　Pp. 1-22.
Backscheider, A. G., Shatz, M., & Gelman, S. A.　1993　Preschoolers' ability to distinguish living kinds as a function of regrowth. *Child Development*, **64**, 1242-1257.
Baillargeon, R.　1987　Object permanence in 3.5- and 4.5-month-old infants. *Developmental Psychology*, **23**, 655-664.
Baillargeon, R., Kotovsky, L., & Needham, A.　1995　The acquisition of physical knowledge in infacy. In D. Sperber, D. Premack., & A. J. Premack (Eds.), *Causal Cognition: A Multidisciplinary Debate* (*Symposia of the Fyssen Foundation*). London: Oxford University Press. Pp. 79-116.
Bertenthal, B. I., Proffit, D. R., Spetner, N. B., & Thomas, M. A.　1985　The development of infant sensitivity to biomechanical motion. *Child Development*, **56**, 531-543.
Bruner, J., & Haste, H.　1987　Introduction. In J. Bruner., & H. Haste (Eds.), *Making sense: The child's construction of the world*. Cambridge: Harvard University Press.
Bushnell, I. W, R., McCutcheon, E., Sinclair, J., Tweedie, M. E.,　1984　Infants' delayed recognition memory for color and form. *British Journal of Developmental Psychology*, **2**, 11-17.
Butterworth, G., & Harris, M.　1994　*Principle of Developmental Psychology.*　Sussex: Lawrence Erlbaum Associates.　村井潤一（監訳）小山正・神土陽子・松下淑（共訳）1997　発達心理学の基本を学ぶ─人間発達の生物学的・文化的基盤─　ミネルヴァ書房
Cornell, E. H.　1979　Infants' recognition memory, forgetting and savings. *Journal of Experimental Child Psychology*, **28**, 359-374.
Csibra, G., & Gergely, G.　2009　Natural pedagogy. *Trends in Cognitive Sciences*, **13**, 148-153.
旦　直子　2007　乳児における重力法則理解の発達　風間書房
旦　直子　2018　認知の発達　開一夫・齋藤慈子（編）ベーシック認知発達　東京大学出版会　Pp. 135-156.
Decasper, A. J., & Spence, M. J.　1986　Prenatal maternal speech influences newborns' perception of speech sounds. *Infant Behavior and Development*, **9**, 133-150.
Donaldson, M.　1978　*Children's minds*. Glasgow: Fontana.
遠藤利彦　2011　赤ちゃんの心に引き込まれる─錯覚と発達─　遠藤利彦・佐久間路子・徳田治子・野田淳子（著）乳幼児の心─子育ち・子育ての発達心理学　有斐閣　Pp. 3-15.
Gopnick, A.　2009　*The philosophical baby: What children's minds tell us about truth, love and the meaning of life*. New York: Farrar Straus & Giroux.　青木玲（訳）2010　哲学する赤ちゃん　亜紀書房
Hood, B. M.　1995　Gravity rules for 2-to 4-year-olds? *Cognitive Development*, **10**, 577-598.
Inagaki, K.　1990　The effects of raising animals on children's biological inference. *British Journal of Developmental Psychology*, **8**, 119-129.
稲垣佳世子　2002　知識の大幅な組み換え　稲垣佳世子・鈴木宏昭・亀田達也（編著）認知過程研究─知識の獲得とその利用　放送大学教育振興会
Inagaki, K., & Hatano, G.　1991　Constrained person analogy in young children's biological inference. *Cognitive Development*, **6**, 219-231.
Inagaki, K., & Hatano, G.　1993　Young children's understanding of mind-body distinction. *Child Development*, **64**, 1534-1549.
Inagaki, K., Hatano, G.　1996　Young children's recognition of commonalities between animals and plants. *Child Development*, **67**, 2823-2840.

Inagaki, K., & Hatano., G. 2002 *Young children's naive thinking about the biological world.* Hove: Psychology Press. 稲垣佳世子・波多野誼余夫（監訳） 子どもの概念発達と変化―素朴生物学をめぐって― 共立出版

河邉貴子 2013 遊びの質を高める保育のあり方（現場の声を聞きながら） CRN 活動レポート 2013― ECEC 研究と東アジア子ども学交流プログラム報告書― Pp. 062-066.
https://www.blog.crn.or.jp/about/pdf/2013_chapter3.pdf（2020年 9 月28日閲覧）

Lockhart, K. L., Chang, B., & Story, T. 2002. Young children's beliefs about the stability of traits: Protective optimism? *Child Development, 73,* 1408-1430.

丸野俊一 2005 ヴィゴツキーの理論 中島義明・繁桝算男・箱田裕司（編） 新・心理学の基礎知識 有斐閣 p. 204.

McCloskey, M., Washburn, A., & Felch, L. 1983 Intuitive physics: The straight-down belief and its origin. *Journal of Experimental Psychology: Learning, Memory, and Cognition, 9,* 636-649.

文部科学省 2018 幼稚園教育要領解説 フレーベル館

森口佑介 2014 おさなごころを科学する 新曜社

中島伸子 2013 物の世界をどう理解しているか 外山紀子・中島伸子 乳幼児は世界をどう理解しているか―実験で読みとく赤ちゃんと幼児の心― 新曜社 Pp. 157-197.

並木美砂子・稲垣佳世子 1984 幼児の飼育体験の認知的効果 日本教育心理学会第26回総会発表論文集, 92-93.

奥村優子 2020 乳幼児期における社会的学習―誰からどのように学ぶのか― 東京大学出版会

Perris, E. E., Myer, N. A., & Clifton, R. K. 1990 Long-term memory for a single infancy experience. *Child Psychology, 61,* 1796-1807.

Rochat, P., & Hespos, S. J. 1997 Differential rooting response by neonates: Evidence for an early sense of self. *Infant Child Development, 6,* 105-112.

Siegal, M. 1991 *Knowing children: Experiments in conversation and cognition.* Essays in Developmental Psychology Series. Hove: Erlbaum. 鈴木敦子・外山紀子・鈴木宏昭（訳） 子どもは誤解されている―「発達」の神話に隠された能力― 新曜社

Spelke, E. 1991 Physical knowledge in infancy. In S. Carey., & R. Gelman (Eds.), *The epigenesis of mind: Essays on biology and cognition.* Hillsdale: Lawrence Erlbaum Associates. Pp. 133-169.

Spelke, E. S., Phillips, A. T., & Woodward, A. L. 1995 Infants' knowledge of objects motion and human action. In D. Sperber, D. Premack., & A. J. Premack (Eds.), *Causal cognition: A multidisciplinary debate.* Oxford: Clarendon Press. Pp. 44-78.

外山紀子 2001 日常場面で発揮される有能性 無藤隆（編） 発達心理学（保育・看護・福祉プリマーズ）ミネルヴァ書房 Pp. 127-138.

外山紀子 2005 ピアジェの理論とその発達 中島義明・繁桝算男・箱田裕司（編）新・心理学の基礎知識 有斐閣 Pp. 319-320.

外山紀子 2009 作物栽培の実践と植物に関する幼児の生物学的理解 教育心理学研究, 57, 491-502.

外山紀子 2010 発達の捉え方 外山紀子・外山美樹（編著） やさしい発達と学習 有斐閣 Pp. 27-48.

外山紀子 2020 生命を理解する心の発達―子どもと大人の素朴生物学― ちとせプレス

Toyama, N., Lee, Y. M., & Muto, T. 1997 Japanese preschoolers' understanding of biological concepts related to procedures for animal care. *Early Childhood Research Quarterly, 12,* 347-360.

外山紀子・中島伸子 2013 乳幼児は世界をどう理解しているか―実験で読みとく赤ちゃんと幼児の心― 新曜社

Weisberg, D. S., Hirsh-Pasek, K., Golinkoff, R. M. 2013 Guided Play: Where Curricular Goals Meet a Playful Pedagogy. *Mind, Brain and Education, 7,* 104-112.

Wellman, H. M. 1990 *The child's theory of mind.* Cambridge, MA: MIT press.

Wellman, H. M., & Gelman, S. A. 1998 Knowledge acquisition in foundational theories of core domains. In W. Damon (Series Ed.) & D. Kuhn & R. S. Siegler (Vol. Eds.), *Handbook of child psychology*: Vol. 2: Cognition, Perception & Language (5th ed). New York: Wiley. Pp. 523-573.

山口真美・金沢創 2019 赤ちゃんの視覚と心の発達 東京大学出版会

● Column 4
外山紀子 2017 幼児期における選択的信頼の発達 発達心理学研究, 28, 244-263.

■第5章
秦野悦子　1995　指さし（pointing）岡本夏木・清水御代明・村井潤一（編）　発達心理学辞典　ミネルヴァ書房　p. 671.

今井むつみ・針生悦子　2014　言葉をおぼえるしくみ：母語から外国語まで　筑摩書房

石井恒生　2019　言葉の発生の基盤：言語はどこから来るのか　川畑直人・大島剛・郷式徹（編）　学習・言語心理学：支援のために知る「行動の変化」と「言葉の習得」ミネルヴァ書房　Pp. 121-134.

加古明子　1999　ことばの発達と関連能力　加古明子（編）　ことばが生まれことばが育つ　宜協社　Pp. 30-73.

是澤優子　1997　資料　保育の中の児童文化財・言葉の発達　阿部明子・小川清美・戸田雅美（編）保育内容　言葉の探究　相川書房　p. 138.

厚生労働省　2017　保育所保育指針　フレーベル館

厚生労働省　2018　保育所保育指針解説　フレーベル館

鯨岡峻　2001　乳児期におけるコミュニケーションの発達　秦野悦子（編）ことばの発達入門　大修館書店　Pp. 29-52.

文部科学省　2017　幼稚園教育要領　フレーベル館

村瀬俊樹・小椋たみ子・山下由紀恵　1998　育児語の研究（2）島根大学法文学部紀要社会システム学科編，2，79-104.

村瀬俊樹・小椋たみ子・山下由紀恵　2007　養育者における育児語使用傾向の構造と育児語使用を規定する要因　社会文化学論集（島根大学法文学部紀要社会文化学科編，4，17-30.

長山篤子　2001　絵本からの贈りもの　日本キリスト教団出版局

内閣府・文部科学省・厚生労働省　2017　幼保連携型認定こども園教育・保育要領　フレーベル館

小川清美　1989　ことばと子どもの発達　阿部明子（編）　保育内容　言葉　建帛社　Pp. 8-17.

小椋たみ子・増田珠巳・浜辺直子・平井純子・宮田 Susanne　2019　日本人母親の対乳児発話の語彙特徴と子どもの言語発達　発達心理学研究, 30, 153-165.

岡本夏木　1978　乳幼児期の言語発達　角尾和子（編）　言語　川島書店　Pp. 20-29.

岡本夏木　1985　言葉と発達　岩波書店

岡村佳子　1995　叫喚／非叫喚（cry/non-crying）岡本夏木・清水御代明・村井潤一（編）　発達心理学辞典　ミネルヴァ書房　p. 149.

大越和孝　1999　幼児の言葉と指導　加古明子（編）　ことばが生まれことばが育つ　宜協社　Pp. 2-5.

角尾和子　1978　「言語」の教育の意義　角尾和子（編）　言語　川島書店　Pp. 1-6.

田島信元　2013　絵本と子どもの発達：読み聞かせ・読書活動の意義と役割　子どもの文化, 45, 90-97.

高橋登　1997　幼児のことば遊びの発達："しりとり"を可能にする条件の分析　発達心理学研究, 8, 42-52.

高橋登　2017　話し言葉の発達　秦野悦子・高橋登（編）言語発達とその支援　ミネルヴァ書房　Pp. 90-146.

田中昌人・田中杉恵　1982　子どもの発達と診断2　乳児期後半　大月書店

戸田雅美　1989　ことばで考える　阿部明子（編）保育内容　言葉　建帛社　Pp. 65-82.

Tomasello, M.　1999　*The cultural origins of human cognition.* Cambridge, MA: Harvard University Press.

内田伸子　1989a　物語ることから文字作文へ：読み書き能力の発達と文字作文の成立過程　読書科学, 33, 10-24.

内田伸子　1989b　幼児心理学への招待：子どもの世界づくり　サイエンス社

内田伸子　2017　発達の心理：ことばの獲得と学び　サイエンス社

内田伸子・今井むつみ　1996　幼児における助数詞の獲得過程：生物カテゴリーの形成と助数詞付与ルールの獲得　教育心理学研究, 44, 126-135.

ヴィゴツキー, L. S.　2001　新訳版　思考と言語　柴田義松（訳）新読書社

■第6章
有賀和子・子どもと保育総合研究所（編著）　2003　心をつなぎ時をつむぐ―地域に開かれた幼稚園の実践　ミネルヴァ書房

Baillargeon, R., & DeVos, J.　1991　Object permanence in young infants: Further evidence. *Child Delopment.* 62, 1227-1246.

Bandura, A.,　1965　Influence of models' reinforcement contingencies on the imitative responses. *Journal of Personality and Social Psychology*, 1, 589-595.

Bowlby, J.　1982　*Attachment and loss. vol. 1 Attachment. Basic.*（*Revised ed.*）New York: Basic Books.　黒田

実郎・大羽蓁・岡田洋子・黒田聖一（訳）　1991　母子関係の理論Ⅰ愛着行動　岩崎学術出版

Bronfenbrenner, U.　1979　*The ecology of human development: Experiments by nature and design.* Cambridge, MA: Harvad University Press.

Bronfenbrenner, U.　1994　Ecological models of human development.　In T. Husten & T. N. Postlethwaite (Eds.) *International encyclopedia of education. 2nd ed.* Oxford, England: Pergamon Press. 1643-1647.

Cox, M. V.　1991　*The child's point of view. 2nd ed.* Brighton: Harvester Wheatsheaf.

藤崎眞知代　2015　子どもの生活と自己の発達　藤崎眞知代・松村茂治・水戸博道（編著）教育発達学の構築―心理学・教育学・障害科学の融合　風間書房　Pp. 21-38.

藤崎眞知代・野田幸江・村田保太朗・中村美律子　1998　保育のための発達心理学　新曜社

藤崎眞知代・上原智子　1990　親の共感性・養育態度が幼児の共感性に及ぼす影響　群馬大学教育実践研究, 7, 155-172.

Gibson, J. J.　1979　*The ecological approach to visual perception,* Boston; Houghton Miflin.　古崎敬・古崎愛子・辻敬一郎・村瀬晃（共訳）1986　生態学的視覚論―人の知覚世界を探る　サイエンス社

浜崎隆司　1985　幼児の向社会的行動に及ぼす共感性と他者存在の効果　心理学研究, 56, 103-106.

Harter, S.　1987　Causes, correlates, and the functional role of global self-worth: Life-span perspective. In R. J. Sternberg & J. Kolligian, Jr. (Eds.) *Competence considered.* New Haven: Yale University Press. Pp. 67-97.

Harter, S., & Pike, R.　1984　The pictorial scale of perceived competence and social acceptance for young children.　*Child Developmental Psychology,* 55, 1969-1982.

Inagaki, K. & Hatano, G.　1990　The effcts of raising animals on children's biological inference.　*British Journal of Developmental Psychology,* 8, 119-129.

厚生労働省　2017　保育所保育指針　フレーベル館

Lave, J., & Wenger, E.　1991　*Situated learing: Legitimate peripheral participation.* Cambridge: Cambridge University Press.　佐伯胖（訳）1993　状況に埋め込まれた学習：正統的周辺参加　産業図書

Lightfoot, C., Cole, M., & Cole, S. R.　2018　*The development of children, 8th ed.* New York: Worth Publishers.

May. R.　1983　*The discovery of the being: Writings in existential psychology by Rollo May.* New York: W. W. Norton and Company Inc.　伊東博・伊東順子（訳）1986　存在の発見　誠信書房

Mizokawa, A., & Koyasu, M.　2007　Young children's understanding of another's apparent cying and its relationship to theory of mind.　*Psychologia,* 50, 291-307.

文部科学省　2017　幼稚園教育要領　フレーベル館

守永英子・保育を考える会　2001　保育の中の小さなこと大切なこと　フレーベル館

森田悦子　1982　幼児の男ことば・女ことばの習得―性役割との関わり1981年度お茶の水女子大学文教育学部卒業論文（未公刊）

無藤隆・森敏昭・遠藤由美・玉瀬耕治　2004　心理学　有斐閣

内閣府・文部科学省・厚生労働省　2017　幼保連携型認定こども園教育・保育要領　フレーベル館

Piaget, J.　1970　Piaget's theory. In P. H. Mussen (Ed.), *Carmichael's manual of child psychology.* New York: Wiley.

Premack, D. G., & Woodruff, G.　1978　Does the chimpanzee have a theory of mind?　*Behavioral and Brain Sciences,* 1. 515-526.

Schoeneman, T. Tabor, L. & Nash, D.　1984　Children's reports of the sources of self-knowledge.　*Journal of Personality,* 52, 124-137.

高田利武　2011　新版他者と比べる自分―社会的比較の心理学　サイエンス社

友定啓子・入江礼子・白石敏行・小原敏郎　2009　子ども同士のトラブルに保育者はどうかかわっているか―500枚の保育記録から　平成19-20年度文部科学省科学研究費補助金（基盤研究（C）1953070）コロニー印刷

Vygotsky, L. S.　1978　*Mind in society.* Cambridge MA: Harverd University Press.　柴田義松・森岡修一（訳）1975　子どもの知的発達と教授　明治図書出版

渡辺弥生　2019　感情の正体―発達心理学で気持ちをマネジメントする　筑摩書房

Watson, J. B.　1913　Psychology as the Behaviorist Views It.　*Psychological Review.* 20(2): 158-177.　安田一郎（訳）2017　行動主義者の心理学　ちとせプレス

Werner, E. E., & Smith, R. S.　1992　*Journeys from childhood to midlife: Risk, resilience, and recovery.* New York: Conell University Press.

White, R. W.　1959　Motivation reconsidered: The concept of competence.　*Psyhological Review.* 66, 297-333.

Wimmer, H., & Perner, J. 1983 Beliefs about beliefs: Representation and constraining function of wrong beliefs in young children's understanding of deception. *Cognition*, **13**, 103-128.

Wood, D., Bruner, J. S., & Ross, G. 1976 The role of tutoring in problem solving. *Journal of child Psychology and Psychiatry*, **17**, 89-100.

吉永早苗　2014　幼児の音（おと）感受の状況と音感受教育の提言　白梅学園大学子ども学研究所「子ども学」編集委員会　子ども学 2，萌文書林　Pp. 78-99.

● Column 6

内田伸子　1998　まごころの保育―堀合文子のことばと実践に学ぶ　小学館

索　引

執筆者一覧

■**編集委員**——民秋　言（白梅学園大学名誉教授）
　　　　　　　小田　豊（聖徳大学）
　　　　　　　柳尾　勲
　　　　　　　無藤　隆（白梅学園大学名誉教授）
　　　　　　　矢藤誠慈郎（和洋女子大学）
■**編　　者**——藤﨑眞知代・無藤　隆

【**執筆者**（執筆順）】
無藤　隆　（編者）　　　　　　　　　　　Ⅰ部第1章，Column 1
松永あけみ（明治学院大学）　　　　　　　Ⅰ部第2章，Column 2
松嵜　洋子（千葉大学）　　　　　　　　　Ⅱ部第3章，Column 3
中島　伸子（新潟大学）　　　　　　　　　Ⅱ部第4章，Column 4
平沼　晶子（和泉短期大学）　　　　　　　Ⅱ部第5章，Column 5
藤﨑眞知代（編者）　　　　　　　　　　　Ⅲ部第6章，Column 6

編者紹介

藤﨑眞知代（ふじさき・まちよ）
　　1981年　お茶の水女子大学人間文化研究科博士課程単位取得退学
　　　　　　群馬大学教育学部教授を経て，
　　現　在　明治学院大学名誉教授
〈主著・論文〉子どもの発達心理学（共著）　新曜社　1993年
　　　　　　保育のための発達心理学（共著）　新曜社　1998年
　　　　　　育児・保育現場での発達とその支援（編著）　ミネルヴァ書房　2002年
　　　　　　心理支援論―心理学教育の新スタンダード構築をめざして（共編著）　風間
　　　　　　　書房　2011年
　　　　　　教育発達学の構築―心理学・教育学・生涯科学の融合（編著）　風間書房
　　　　　　　2015年
　　　　　　臨床発達支援の専門性（編著）　ミネルヴァ書房　2018年
　　　　　　子どものコンピテンスを育む保育の分析―母親を介した保育者の影響　保育
　　　　　　　学研究　35巻　94-101.　1997年
　　　　　　これからの就学前教育・保育について　明治学院大学心理学部付属研究所年
　　　　　　　報　10号　29-39.　2017年
　　　　　　幼稚園教育学習を通した学生の学び―実習指導の効果（共著）　明治学院大
　　　　　　　学心理学紀要　28号　33-47.　2018年

無藤　隆（むとう・たかし）
　　1977年　東京大学教育学研究科博士課程中退
　　　　　　お茶の水女子大学生活科学部教授を経て，白梅学園大学子ども学部教授
　　現　在　白梅学園大学名誉教授
〈主　著〉知的好奇心を育てる保育　フレーベル館　2001年
　　　　　　学校のリ・デザイン　東洋館出版社　2001年
　　　　　　職場と学問のふれあうところ　新曜社　2007年
　　　　　　保育実践のフィールド心理学（新 保育ライブラリ）（共編著）　北大路書房　2009
　　　　　　　年
　　　　　　幼児教育の原則　ミネルヴァ書房　2009年
　　　　　　むすんでみよう 子どもと自然（共編著）　北大路書房　2010年
　　　　　　幼児教育のデザイン―保育の生態学　東京大学出版会　2013年
　　　　　　社会情動的スキルを育む「保育内容 人間関係」―乳幼児期から小学校へつなぐ非
　　　　　　　認知能力とは（実践事例から学ぶ保育内容）（共編著）　北大路書房　2016年
　　　　　　10の姿プラス5・実践解説書―「幼児期の終わりまでに育ってほしい10の姿」を
　　　　　　　カラー写真いっぱいの実践事例で見える化‼（編著）　ひかりのくに　2018年

新 保育ライブラリ　子どもを知る

保育の心理学

2021年3月15日　初版第1刷印刷
2021年3月31日　初版第1刷発行　　定価はカバーに表示
してあります。

編　著　者　　藤　﨑　眞知代
　　　　　　　無　藤　　　隆
発　行　所　　㈱北大路書房

〒603-8303　京都市北区紫野十二坊町12-8
電　話　(075) 4 3 1 - 0 3 6 1㈹
ＦＡＸ　(075) 4 3 1 - 9 3 9 3
振　替　0 1 0 5 0 - 4 - 2 0 8 3

新 保育ライブラリ

子どもを知る／保育の内容・方法を知る／保育・福祉を知る／保育の現場を知る

■編集委員■ 民秋 言・小田 豊・栃尾 勲・無藤 隆・矢藤誠慈郎

A5 判・160 〜 230 頁・本体価格 1800 〜 2000 円

平成 29 年告示「幼稚園教育要領」「保育所保育指針」「幼保連携型認定こども園教育・保育要領」対応

子どもを知る
保育の心理学

藤﨑眞知代・無藤 隆 編著

A5 判・176 頁・本体価格 1900 円

子どもの発達に関する科学的知見と保育実践との繋がりを 3 部構成で論じる。個々の子どもがその子らしく生きることを支えるために。

子どもを知る
子ども家庭支援の心理学

佐久間路子・福丸由佳 編著

A5 判・160 頁・本体価格 1900 円

子どもとその家庭を包括的に捉える視点を習得するとともに子育て家庭をめぐる現代の社会的状況と課題についても理解する。

子どもを知る
子どもの理解と援助

清水益治・無藤 隆 編著

A5 判・164 頁・本体価格 1800 円

新保育士養成課程，教職課程コアカリ「幼児理解の理論及び方法」に対応。子ども理解の視点・方法と援助のあり方を解説。

子どもを知る
子どもの保健

加藤則子・布施晴美 編著

A5 判・180 頁・本体価格 1900 円

子どもの心身の健康を守るための保健活動の意義，健康状態の把握と病の予防・対応等，医学や看護の知識・技術をわかりやすく解説。

保育の内容・方法を知る
保育の計画と評価

北野幸子 編著

A5 判・224 頁・本体価格 1900 円

カリキュラムの内容，その計画と評価の意義と実践の仕方を概説。記録に親しみ，記録を大いに活用できる力量を形成するために。

保育・福祉を知る
保育者論 [第 3 版]

福元真由美・笠間浩幸・柏原栄子 編著

A5 判・200 頁・本体価格 1800 円

子どもの幸せと成長に資するための保育者としてのあり方や，時代と共に変わる保育の実態にも機敏に対応できる専門性を考える。

保育・福祉を知る
子ども家庭福祉

植木信一 編著

A5 判・196 頁・本体価格 1800 円

子どもや家庭の福祉に関する動向を踏まえ，最新の情報を提供。保育者養成への活用はもとより保育者として活躍されている方にも。

保育・福祉を知る
社会的養護 I

宮﨑正宇・大月和彦・櫻井慶一 編著

A5 判・176 頁・本体価格 1800 円

改正児童福祉法や新しい社会的養育ビジョンの公表等を受け，最新の情報を加筆。施設での多様な事例も紹介。